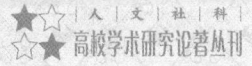

教师作为专业人士的行动资本

门博良 罗 坤 著

图书在版编目 (CIP) 数据

教师作为专业人士的行动资本 / 门博良，罗坤著. --
北京：中国书籍出版社，2021.3
ISBN 978-7-5068-8427-3

Ⅰ.①教⋯ Ⅱ.①门⋯ ②罗⋯ Ⅲ.①教师素质－研究②师资培养－研究 Ⅳ.① G451

中国版本图书馆 CIP 数据核字（2021）第 067210 号

教师作为专业人士的行动资本

门博良　罗　坤　著

丛书策划	谭　鹏　武　斌
责任编辑	毕　磊
责任印制	孙马飞　马　芝
封面设计	东方美迪
出版发行	中国书籍出版社
地　　址	北京市丰台区三路居路 97 号 (邮编：100073)
电　　话	（010）52257143（总编室）　（010）52257140（发行部）
电子邮箱	eo@chinabp.com.cn
经　　销	全国新华书店
印　　厂	三河市德贤弘印务有限公司
开　　本	710 毫米 × 1000 毫米　1/16
字　　数	236 千字
印　　张	11.75
版　　次	2023 年 1 月第 1 版
版　　次	2023 年 1 月第 1 次印刷
书　　号	ISBN 978-7-5068-8427-3
定　　价	62.00 元

版权所有　翻印必究

自　序

Do what you should do, what can result in a second.

2004年和妻子一起夜爬华山看日出。晚上8点，在山下面馆老乡一句"华山看日出，十看九不出"的嘱咐中，我们开始了近乎一夜的"爬楼梯"。漆黑的山路上，前后点点的手电光和断续飘来的人语，使我们确信有人同行。路边休息时，身边走过的旅人一句"这山里木（没）准儿有狼，得是？"也成为我们继续咬牙攀登的动力，真是一种天真的求生欲。其实，途中我俩多次反思夜爬华山这个决定是否草率，也在衡量那个日出是否值得一看，"十看九不出"慢慢地变成了我嘴边的碎碎念。虽然爬得很是辛苦，但是到达山顶后也没有立刻感受到那种辛劳后的成就感。山顶的寒冷，是军大衣、羽绒服这种装备才可以抵御的。不知道是因为对温暖的渴望，还是体力已到极限，当本地老乡口中那十分之一概率的日出到来时，那种温暖让人难以忘怀，透彻灵魂。虽然还是没有成就感，却升起一种想感谢谁的冲动。只觉得这一路坚持下来真的不容易，却忘记了一路辛苦爬上来的种种细节。白天仔细游览华山风光，不由得感叹：幸好！幸好华山一条路，幸好夜爬让我忽略了路上许多本可以让我舒服休息的场所。我自以为爬上山顶、看到日出这样的成就，有大几分运气，也有大几分没有回头路的情境所迫。无论怎样，能坚持完成也算是对自己能力的一种肯定。

在求学这条路上，我自认为没有什么天资和智慧，也是一路失败一路尝试，大多数的学术尝试都是不断的"越挫越勇"中的坚持。开玩笑地说：全凭有膀子"力气"。我的本科专业是外国语言学及应用语言学，硕士专业是课程与教学论，从语言类专业到教育类专业，感觉在学习上一直在"爬坡"。这里的"爬坡"包含两个隐喻，一是学到研究生真不容易，二是知识积累得越来越丰富，理论视野渐阔，反而找不到焦点。参加工作后，所谓的学术基本上就像是丢进储蓄罐的硬币：依然保值，但是不会增值，也没有了使用价值。

2017年进入北京师范大学教育学部进修博士学位,和许多优秀的老师同学一起学习让我收获良多。我的导师是一个真正的学者,他对我理论学习的指导、对我研究逻辑的纠正,让我在学术研究上有了新的认识和提升。在读书会中与同门交流,做课程助教等,让我的学术经验和认知水平得到了很大的提升。关键我发现这是一个成员们既聪慧又踏实努力的集体,面对学术上的种种困难,没有人轻言放弃。在他们的影响下,我开始尝试从新的理论视角来审视自己的日常职业生活,反思自己的专业。社会学、管理学、甚至教育社会学的理论视野和科学的社会科学研究方法,给了我新的学术"眼睛"。慢慢地就想从资本、专业资本的角度对教师专业发展进行研究,初衷是想看看 Andy Hargreaves 口中的"教育专业人士"到底有什么特征?什么使他们能够成为"教育专业人士"且能像"专业人士"一样行动。2018年在"中不了也不影响吃饭睡觉"的支撑下开始尝试,竟然获得了教育部社科基金的认可。时至今日依然记得那个下午,自己在学校宿舍床上午睡醒来,一脸茫然地刷着微信和QQ里的各种祝贺。

资本在不同的人类生活领域中被赋予多种衍生的含义。在经济学意义上,资本是指可用于人类生产活动的各种物质资源,在金融领域指用于价值增值的金融财富,人力资本是指个人通过教育和工作经验而获得的知识和技能。广义上讲,资本可作为人类进行物质和精神财富创造时所使用的各种社会资源的总称,也可以用来表达人类可以做某事儿所具有的各种条件,以及可以调用的各种资源。

教师作为一种专门职业,对其从业者具有诸多特殊要求。这些要求促进教师在成为教师的过程中逐渐能够胜任教学中的各种角色,这一过程被称为教师的职业社会化(吴康宁,1997)。而无论是在任教前的预期职业社会化还是在任教后的继续职业社会化中,教师都在同时进行着专业化,并成为专业人士。"像专业人士一样教书"是教师职业社会化的目标,也是教师专业资本的形成过程。

真正对教师专业资本做出系统梳理的是 Hargreaves, A. 和 Fullan, M.。在他们的著作 *Professional Capital: Transforming Teaching in Every School* 中,专业资本是由人力资本、社会资本和决策资本三个方面构成的。然而要想让教师"像专业人士一样教书",我们必须关注并使可令师资队伍高效运作的五个基本要素协同合作,任何一个要素的弱化或者缺失都无法保障教师专业资本的发展。这五个要素分别是才智(技能);承诺或责任意识;生涯;专业文化与共同体;教学情境或条件。Hargreaves

自 序

认为这五个要素相互形成合力并最终实现教师发展的两层意义：专业化（being professional）和成为专业人士（being a professional）。

至此书完成，我认为我在学术上刚刚入门。无论是学术理论能力还是科研实践能力，还有很多需要提升的地方。这个判断有双向含义，一是我觉得我目前的学术科研水平还显稚嫩，二是我有信心会越来越好。以学术为志业，获得一种身心上的"清明"，也许会促成我对学术的持续追求。再次感谢教育部社会科学司的资助，它给了一个想在学术上有所尝试的年轻人一次宝贵的机会。一并感谢廊坊师范学院外国语学院的领导和科研处的各位同仁，感谢他们对本课题研究工作的大力支持和协助。

2020 年 11 月 20 日
于廊坊书芳苑

目 录

第一章 导 论 ··· 1
    第一节 教师专业资本的研究脉络 ·································· 1
    第二节 教师专业发展面对的现实情境 ······························ 6
    第三节 理论思考 ·· 17
    第四节 研究意义 ·· 21

第二章 专业资本视角下对教师专业行动的现场考察 ············ 24
    第一节 教师作为专业行动者所接受的政策指引 ············· 24
    第二节 对职前教师专业能力的调查
            ——以一所地方师范院校 L 的英语师范生为例 ········ 43
    第三节 基于知识图谱的师范生职前专业发展研究分析 ···· 63
    第四节 职业情境中教师职业承诺特征 ····························· 72
    第五节 管理情境中教师组织意识特征 ····························· 80
    第六节 课堂情境中教师专业表现 ···································· 88

第三章 影响教师专业资本形成的因素分析 ·························· 102
    第一节 影响教师教学专业的资本性因素分析 ················ 102
    第二节 教师课堂教学行动所面临的现实情境 ················ 112
    第三节 教师教学专业发展影响因素的实证分析 ············ 122
    第四节 教师专业发展中的专业性"自我指涉" ················ 130

第四章 促进教师专业资本形成的策略探讨 ························· 136
    第一节 专业决策能力和条件 ··· 136
    第二节 教育教学互动能力 ··· 138
    第三节 反思性特征 ·· 144
    第四节 政策要素 ·· 147
    第五节 文化要素 ·· 152

参考文献 ··· 160

第一章 导 论

从教育社会学的理论观点来看,教师对诸多方面所具有的专业认识,是教师作为专业人士所具有的"专业资本"。这里我们似乎将一切与教师专业相关的东西,都塞入所谓的"专业资本"的概念中,这样的做法是不能令人满意的,然而我们又不能否认教师所具有的"专业资本"是具有自身特点的,这使得教师的工作能够具有一定的专业特点。本研究的主要目的就是要对能够使教师成为专业人士从事专业工作所具有的专业性特点进行探究,发现教师专业能力所具有的资本性特征。从中观层次上看,教师的专业性也许与其他工作的专业性有相似甚至重合的地方,但是我们依然能够从所有这些"专业人士"都具有的特点中发现教师专业性的"微观特点",进而发现教师作为专业工作者所可能具有的专业特点。

第一节 教师专业资本的研究脉络

在经济学意义上,资本是指可用于人类生产活动的各种物质资源,在金融领域是指用于价值增值的金融财富,人力资本是指个人通过教育和工作经验而获得的知识和技能。从广义上讲,资本也可作为人类进行物质和精神财富创造时所使用的各种社会资源总称。宏观经济学将资本划分为物质资本、人力资本、自然资源和技术知识。在一些专业化程度较高的职业领域,从业人员所具有的专业资本所带来的社会价值要远远大于其通过职业活动所创造的物质价值。在当今世界的教育领域中,教师已被视为与医生、律师一样的专门职业(profession)。在本研究中我们认为,教师专业资本是指教师能够高质量完成其职业活动所应具备的各种关键要素的集合,是教师专业工作的重要前提和保障。对于优秀教师及高品质的教学进行投资是教育投资中最重要的一个部分,因此我们应该对教师的专业资本的形成和影响因素投入关注,并以此为依据进行正确的专业投资。

本研究拟从教育社会学的视角出发来对教师专业资本的形成进行深入研究，发现并探索对于教师专业资本形成产生重要影响的各类因素及其影响机制。教育社会学认为教师作为一种专门的职业，其职业社会化是一个值得关注的领域，许多学者将其视为一个个人经验与各种社会结构因素之间相互影响的过程。该过程的第一个阶段为预期职业社会化，即个体为适应未来职业而进行的职业准备活动，在我国通常是指专门的师范教育或者师范性教育。该阶段体现了社会对于不同教育阶段教师的基本从业素质和专业资本要求。第二个阶段为继续职业社会化，即个体在承担某种职业后为了更好地从事该项职业而进行的职业完善活动。从辩证的角度来看，正是因为第一个职业社会化阶段的不完善，使得继续职业社会化在教师专业发展中变得尤为重要，也造成了师范院校的人才培养和社会人才需求之间的脱节。教育社会学为我们提供了一个新的视角，使我们可以以专业资本作为核心概念来对教师专业资本形成进行深入的研究，并探讨影响教师专业资本形成的各种因素。本研究尝试将新的概念和理论视角引入到师范生培养和教师发展研究中来，尝试为教育教学研究提供新的理论观点和学科视角，具有一定的理论价值。另外，该研究立足于实践，从教育社会学的视角来探讨教师在职业社会化过程中专业资本的形成和影响因素，有助于我们从社会实践领域和更加注重社会需求的方面来探讨教师发展问题，为今后教师教育及教师职业发展研究提供了较为新颖的研究思路。其预期研究结果有助于我们从教育社会学的视角来反思师范教育，并为我们的师范生教育课程改革、教师教育和教师职业能力指标体系的建立和完善提供具有实际意义的信息参考，具有较高的实际应用价值。

　　无论是资本还是专业资本，其概念最初都是来自经济领域，如 Perkin 在 1990 的文章 *The Rise of Professional Society：England Since 1880* 中提到专业资本比股票更具有实在性。真正将专业资本引入教育相关领域的是 Thomas Sergiovanni。他在 1999 年的文章 *Leadership as Pedagogy，Capital Development and School Effectiveness* 中关注了资本在教育领导中的作用，并将资本界定为一种价值负载，如能合理投资，则会产生更多的附加值。Thomas Sergiovanni 认为资本的发展能够改善学生学习和成长的条件。在其文章中有一小部分关注到了专业资本，认为专业资本促使学校重视合作，关注实践，为教与学增加价值。真正对教师专业资本做出系统梳理的是 Hargreaves, A. 和 Fullan, M.。在他们的著作 *Professional Capital：Transforming Teaching in Every School* 中，专业资本是由人力资本、社会资本和决策资本三个方面构成。然而要想教师"像专业人士一样教书",我们必须关注并使可令师资队伍高效运作的五个基本要素协同合作,任何一个要素的弱化或者缺失都无法保障教师专业资本的发展。这五个要素分别是才智(技能);承诺或责任意识;生涯;专业文化与共同体;教学情境或条件。Hargreaves 将这五个要素相互形成合力并最终实现教师发展的两层意义:专业化(being professional)和成为专业人士(being a professional)。其概念框架如图 1-1 所示。

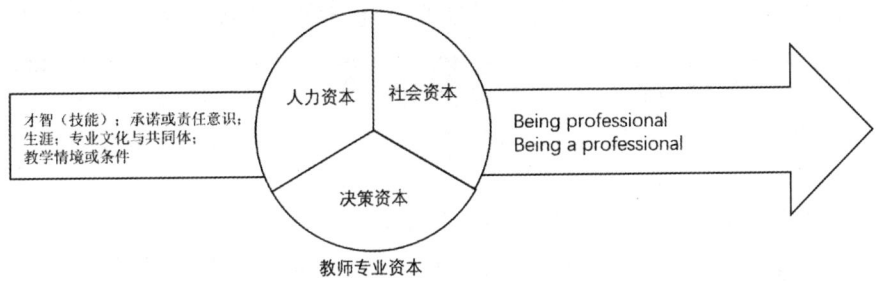

图 1-1　Hargreaves 教师专业资本概念框架

由此框架我们可以看出 Hargreaves 认为教师专业资本的形成受五个要素的影响,并表达教师专业化(being professional)和成为专业人士(being a professional)的两个意义。在国内该项研究可以说还处于起步阶段。相应的研究多为单一方面,较少将教师的专业资本作为核心概念放在教育社会学的视角下进行实证研究。在中国知网中输入关键词"专业资本"和"教师专业资本"后我们得到相关论文 13 篇,其中与本研究有一定相关性的研究如下。高振宇(2017)在其文章《教师专业资本的内涵、要素与建设策略》中论述了教师专业资本是教师作为专业人士必须具备的,但是其内容基本上与 Hargreaves 的观念相一致,属于综述文章。贺撒文(2014)《特级教师专业发展规律研究——社会资本理论视角》一文中主要对《名师人生》一书中的特级教师案例进行分析,并指出特级教师在文化资本、符号资本方面的积累对其职业成功的助力作用,属于理论反思介绍。涂三广(2007)在《教师专业发展:社会资本的视角》一文中介绍人力资本在促进教师专业发展和合作、互信及资源网络知识的共享中的重要作用,并号召加大对教师社会资本的投入。刘涛(2011)在《论人力资本视域下的高校教师专业发展》中提出要从人力资本的视角分析高校教师专业发展的特征及存在的问题。李莉(2013)在《人力资本理论视角下的高校教师专业发展研究》中提出要提高高校教师人力资本的存量和质量,从内外两个方面加强人力资本理论对教师专业发展促进的研究。由此可以看出,国内目前对于教师专业资本的研究基本上是理论介绍和综述，并没有对相关概念进行本土化的实证研究，且多数研究并不和教师专业资本形成以及影响因素相关。本研究秉持建构主义的知识观，且认为对教师专业资本进行本土化的实证研究非常有必要。这有助于我们建构起本土化的知识体系，并对我国的教师发展和教师教育提出有实践意义的建议。教育社会学为我们提供了一个非常具有实际意义的理论视角。我们在相关研究中已经发现，有些概念已经形成了共鸣，如：教师职业社会化中所提及的两个发展阶段（预期职业社会化、继续职业社会化），以及Hargreaves 所提出的专业化（being professional）和成为专业人士（being a professional）。教师专业资本的形成和发展应该贯穿于教师的整个职业社会化过程之中，对我国教师在职业社会化中专业资本的形成及其影响因素开展实证研究具有很高的理论和应用意义。

教师职业社会化的过程，也是教师专业资本的形成过程。在这个过程中有诸多因素对于教师专业资本的形成产生影响，但是在不同的文化情境中，教师职业社会化过程中的专业资本形成过程和影响因素又具有不同的特点。本研究尝试将教育社会学中教师职业社会化的两个阶段统一在一起，以专业资本作为核心概念，来对教师专业资本的形成和影响因素进行实证研究。预期职业社会化主要体现为师范生的职前学习阶段，该阶段所展现的主要是社会对不同教育阶段的教师所应具备的专业资本的基本要求，实际上属于职业准入标准，即从事教师工作所必须具备的基本条件，而高质量的教学工作则需要教师具备高质量的专业资本作为保障和条件。由此可以发现，专业资本是一个教育社会学问题，因为特定教师所应掌握的专业资本由社会需求所决定，且不同国家和社会中所体现的具体要求也有差别。因此，我们有必要对我国教师专业资本实然表现形态进行研究，并对不同教育阶段的教师所应具备的专业资本的特点进行深入研究，进而得出教师专业资本的核心要素以及各个教育阶段教师的专业资本差异，这有助于我们从整体上把握教师专业资本的形态特点、构成要素和结构特点。当然，对于基本专业资本的研究并不能帮助我们进一步明晰一个专业教师所应具备的专业资本。因此，我们在研究过程中将处于继续职业社会化阶段中的教师也纳入研究范围中来，探究教学专业人士所应具备的应然状态，进而对教师专业资本的形成机制和影响因素进行探究。

本研究拟突破的重点有两个方面，一是综合社会各个利益相关群体对于教师应具备的专业资本状态进行研究，并尝试建构能够从事高效率和高质量教学工作的教学专业人士所应具备的专业资本的知识框架。二是对影响教师专业资本形成的各方面因素进行研究，并揭示其对于教师专业资本形成的影响方式。本研究的难点主要在于对所收集的资料进行有效分析和解释,特别是对教师专业资本相关数据的界定。由于本研究采用教育社会学视角,因此除了公办基础教育以外,一部分有鲜明特点的社会办学也被纳入到研究范围内。在可以预见的视野内,二者对于教师所应具有的专业资本以及对于专业人士的概念界定存在差别。因此对研究资料中所体现教师专业资本中的核心要素和结构特点的建构过程成了本研究会面对的一个难点。

本研究从教育社会学的理论视角出发,以教师的专业资本形成和影响因素为研究主题,以教师作为教学活动的专业人士所应具备的专业资本入手,从教师的专业资本形成以及对专业资本形成产生影响的因素两个维度展开对于研究问题的分析。本研究采用混合研究方法,基本思路是首先通过问卷对教师专业资本形成具有影响力的相关利益群体进行调研,收集关于教师专业资本的实然和应然表现形态,也即预期职业表现。调研内容主要包括教师在教学情景和非教学情景中所变现出来的具有专业人士特点的专业资本形态、构成要素和结构特点。进而对量化研究中的研究对象进行分类,然后进行理论抽样,即选择各个类属中具有代表性的研究对象进行质性研究,以便深入地探究教师专业资本的形成机制及相关影响因素,进而建构起促进教师专业资本形成的策略性知识,并尝试为教师教育提供新思路。具体研究思路见图1-2研究框架。

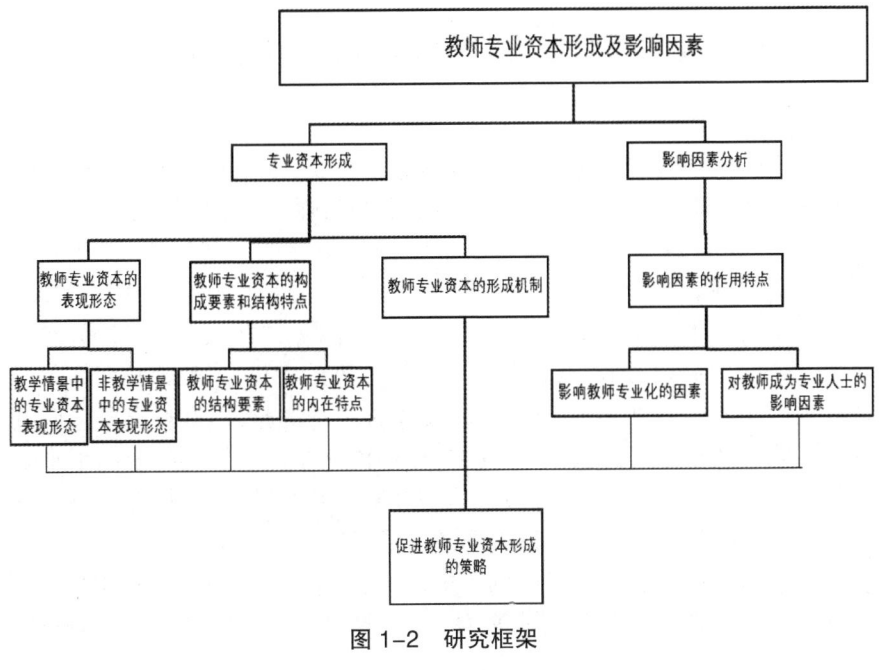

图1-2 研究框架

本研究尝试采用量化和质性两种研究方法。方法论的选择直接决定所收集的研究资料的有效性以及资料分析和结果解释的可信度。对于教师专业资本的表现形态和结构特点及构成要素的研究应该采用量化资料收集和解释的方法，这样有助于我们较为客观地获得社会对于教师作为专业人士在教学活动中所应具备的实然状态和应然状态的认知，信效度较高。具体的问卷调查的资料收集和分析方法，有助于我们在较短时间内获得大量的信息并对其进行合理分析，研究效率较高。如果说量化研究方法有助于对静态的研究现象做客观描述，那么质性研究方法则有助于我们对相对动态的形成机制进行深入的研究。教师作为一项专业化程度较高的职业，其工作与社会需求紧密相连，经验和社会需求对教师成为专业人士具有重要的影响，因此在对教师专业资本形成机制和影响因素进行研究时，相关社会利益团体的诉求和资深专业人士的经验就成了我们对教师专业资本形成机制进行研究的可靠数据资源。质性研究有助于研究者在研究过程中进入这类研究对象的意义表达脉络中发掘相应的质性数据，形成知识。本研究中所采用的具体质性研究方法有观察法（拟观察师范生在实习过程中的专业资本形成机制）、访谈法（对资深专业人士进行访谈并对师范毕业生进行跟踪访谈）、个案分析法（选取入职不同教育阶段的师范生进行跟踪研究）

第二节　教师专业发展面对的现实情境

自 1993 年《中华人民共和国教师法》颁布以来，国家层面的教育政策文件都将教师专业能力、育人能力发展摆在与师德发展同等重要的位置。1998 年的《面向 21 世纪教育振兴行动计划》，2004 年的《2003—2007 年教育振兴行动计划》，2011 年的《全国教育人才发展中长期规划（2010—2020 年）》和《国家中长期教育改革和发展规划纲要（2010—2020 年）》，2018 年的《关于全面深化新时代教师队伍建设改革的意见》《教师教育振兴行动计划（2018—2022 年）》都对提高教师的专业素养、提升教学质量质量提出了明确的要求。2018 年 6 月 22 日在教育部关于加快建设高水平本科教育工作会议上，150 所高校联合发出《一流本科教育宣言》（成都宣言），从专业的角度对提升大学教学做出了承诺。

无论是从对教学本质理解的历史发展、国家的人才战略需求的角度，还是从教育专业自身发展诉求来看，教师的专业能力作为教学活动的核心部分对于提升人才培养质量都起着至关重要的作用。皮埃尔·布迪厄（Pierre Bourdieu）认为教育活动中"教"的能动性体现为以教学权威为前提条件，借由文化专断的强制实行，通过教学任务，以专断的权力方式来完成的教学行动（pedagogic action）。皮埃尔·布迪厄的教育行动理论关注学校系统中的教育活动。在教育场域中，在对学生发展产生影响的目标指引下，教师表现出怎样的"行动"，借用了哪种"文化"权威，如何"强制"实行，实行中又采用了哪种"教学任务"，为何采用这种"教学任务"，如何"行动"等问题更具有研究的实际意义，且能够增进我们对于教师专业性的理解，教师在教育专业化的活动中"所具有的资本"成为教师专业行动的必要条件。然而是否是充分条件，则取决于教师在教育活动中专业化的行动方式、专业资本的形成及其与教育专业行动间的转化机制。但是，随着教师所面临的现实情境的不断变化，不断有新的要求出现，对教师的专业行动产生影响，也使教师专业资本的内涵不断变化发展。因此有必要先从教师专业行动所在的情境和场域入手，描绘出教师专业行动的现实情境，进而发现教师专业资本发展的现实情境。

一、教育改革

（一）时代发展提出的要求

《国家中长期教育改革和发展规划纲要（2010—2020年）》中指出："提高质量是高等教育发展的核心任务。"如果我们走进课堂，我们每一个人都能够清晰地感觉到每位教师所秉持的教学信念。课堂教学是教师们表达观点、展现专业性的平台和场域，这样一个场域的存在是教育学校变革成为可能的条件（Paul Clarke，2004）。教育改革每一次都采用专业的手段来向教师传递着国家的意志，但是最了解自己学校和自己班级中的学生的却是教师。我们的历次教育改革，都明确陈述出国家的人才需求，而教师就应该具有培养这种人才的专业素养。可教师所面对的实际教育教学的境况要复杂得多。基本上，我们在提到教育改革中的教师专业发展问题时，促进教师专业发展一直是稳定的讨论话题。而教师是否专业，怎样才是专业的，貌似除了用学生成绩体现外就是各种成文的标准，而从事一线教育专业工作的一线教师却成了最没有发言权的人。但来自学生和社会各界对于教育的各种看法似乎也集中在教师身上，教师俨然成为教育的具象化符号。李·S.舒尔曼认为教师应该可以并且学会以他们的知识基础作为其教学决策和行动的依据，也就是说教师教育中必须提供用以指导教师行动的信念,并构成教师教学的依据。

(二)社会发展提出的要求

面对着不同的时代要求和国家发展的需要,教师的专业性在不同的时期有不同的使命,且随着社会对其需求的变化也在不断发生变化。吴康宁(2003)认为,在课堂教学的具体事实中,学生与教师在教学互动过程中的实际地位和角色会由于知识占有关系的"逆转"而发生地位和角色的"逆转"。当学生在教学互动中所涉及的知识内容明显多于或者优于教师时,学生便会成为实际上的教师教学的"知识资源",并在一定程度上与教师组成"教"的共同体,教师在某种程度上也会成为受教育者,或者知识学习者。但是这一情境的实现,以及"教"的共同体的形成有赖于教师在教学中的行动,特别是对教学资源利用的课堂决策能力。学生的发展不仅仅有赖于知识和技能的学习,也有赖于教师在课堂社会性活动中的主导作用。教师本身就是实现教育目标的重要资源,学习方式和社会诉求的发展变化,对教师的专业素养提出了更为具体迫切的要求。以教为主的传授式教学方式已不适应学习方式的改变,因此学习对教学行为的新的需求方式,促使着教师进行社会角色调适。

(三)专业自身发展的诉求

2018年6月21日在四川成都召开的新时代全国高等学校本科教育工作会议期间举行的"以本为本、四个回归、一流本科建设"论坛上,150所高校联合发出一流本科教育宣言即《成都宣言》。该宣言把高素质教师队伍建设和全面提升教师教育教学能力作为高校本科教学工作的重点。

在大学这样的教育机构中,教师和学生并不是那种传统意识中固定下来的"教育者"与"受教育者"的角色。不论是从促进个体身心发展的角度,还是从当前信息化大发展和价值日益多元化的时代视角来看,教师和学生之间都不应该只存在一种教师教学生学的互动过程。随着时代的发展、科技的进步,教师和学生在知识占有量上的差异已经越来越小了,因此,具体教学场域中的师生互动已经不只是一种知识资源的交换或者传递,而应该是师生间在共享知识的基础上的"师生共学"的过程(吴康宁,2015)。

学校是教育机构,学校的"教"体现在对统治阶级的需求的贯彻,也体现社会对于所培养的人的基本要求;同时学校也是学习机构,学校的"学"则体现了学生的诉求,二者缺一不可。教育社会学提供了新的理论

第一章 导 论

视角来审视教师专业性所面临的诸多问题,对教师在教育中作为行动者而采取的行动有了更深入的认识。

教师的专业知识是对教师职业的一个基本要求,没有一定的专业知识就无法完成基本的教学工作。但是并不是说具备了专业知识就一定可以保证教学活动的顺利。学校教学活动其实本身也是教师和学生、教师和同事以一定经验和知识为基础,为了更好地完成教学目标和教育期望而进行的社会互动过程。只不过在这个互动过程中,教师的专业知识、社会经验以及相对的成熟心理使其处于一个相对主动的态势中,具有更明显的主观能动性。教师在整个教学活动过程中,通过一系列的行动来对教学的整体过程施加影响。然而单个教师的经验和知识是有限的,这就意味着,对教师在教学中的行动产生影响的因素不仅限于理论和自我经验。Dewey(2004)认为"一个人之所以是有智慧的,并不是因为他有理性,而是因为他能够估计情景的可能性并能根据这种估计来采取行动"。教师这一特殊职业所具有的专业性及其专业资本对于教师的工作效率有重要的影响。结合符号互动论,教师的教学行动之所以成为可能是因为在教育活动中,教师和同事之间,教师和学生之间对教学符号的认知达成一致。对于教学符号的统一认知,使教学行动成为可能,也可以超越知识传授的层面,从更加基本的人与人之间的社会交往层面来对教育教学成败的影响因素进行分析研究。在教学过程中,教师通过对其教学经验和体验的认知,将自身和来自同事的知识和经验作为资源来不断提升自身的能动性,这是从社会学的视角对教师在教学中的行动进行有效分析的一个理论视角。

教师的教育理念和其所贯彻的教育行动之间的关系处于一种融合状态,是认识与信念、思想与行为的融合(彭钢,2002)。在这样的教育理念下,教师在教育中的行动有了不一样的表现方式。教师教育理念在其教学专业权力得到保障的前提下,得到了充分的彰显。教师正确的教育行动使学生真正成为学习的主体,有意义的学习得以发生。只有教师真正成为自身专业发展的主人,教师才会成为自身专业实践中的"领导""智者",获得自身专业发展的"解放"和"动力",在此基础上,教师的自我发展才能够成为"自觉、自主、自醒、自由的发展",教学专业自主权的回归意味着教师真正地获得专业"解放的发展",也意味着学生学习权的真正回归(吴康宁,2015)。课堂是教师获得其职业表现特征的主要场所,课堂教学行动是一种社会行动,是教师在充分考虑教学系统各种条件和基础之后,进行有意识选择的社会行动(马建华,2004)。目前教学中,时常出现教师教学理念与行动的割裂状态,缺乏先进的教学理念以及外部条件限制成为有效教学行动的掣肘(吕宪军、王延玲,2012)。

二、教育改革对教师课堂教学提出的要求

(一)课堂教学理念方面

2018年1月中共中央、国务院发布了《关于全面深化新时代教师队伍建设改革的意见》,该文件是中华人民共和国成立以来党中央出台的第一个专门面向教师队伍建设的政策文件,具有重要意义。该文件明确指出:"要把加强教师队伍建设作为基础工作来抓,着力提高教师专业能力,推进教学改革与创新。突出高等学校高层次人才遴选和培育,突出教书育人,让科学家同时成为教育家"。同年教育部等五部门印发《教师教育振兴行动计划(2018—2022)》中明确提出了:"要着力提升教师综合素质、专业化水平和创新能力",并实行"教师教育师资队伍优化行动"。

例如,2007年教育部颁布的《大学英语课程教学要求》中明确指出要推动全国各高校在教学理念、课程设置及教学方法等方面的变革。文件中明确指出:"教学模式的改变不仅是教学方法和教学手段的变化,而且是教学理念的转变,是实现从以教师为中心、单纯传授语言知识和技能的教学思想和实践,向以学生为中心、既传授语言知识与技能,更注重培养语言实际应用能力和自主学习能力的教学思想和实践的转变,也是向以培养学生终身学习能力为导向的终身教育的转变。"2017年教育部颁布的《大学英语教学指南》中把提高高等教育教学质量作为核心任务来抓,明确指出:"教学活动应以教师为主导,学生为主体,使教学过程实现由关注'教的目的'转向关注'学的需要'。""大学英语教师必须主动适应高等教育发展的新形势,主动使用新的课程体系要求,要有以学生为学习主体的意识、教学改革的意识,确立终身学习、做学习型教师的理念,将更新教学观念、提升自身专业水平和素养作为教师自身发展的主要内容。"

教育大计,教师为本。教师的专业素养、水平和能力是影响教学质量的关键因素。提升大学英语教学质量既需要教师教学专业水平的提升,也需要教师自身树立对专业追求和努力的理念。教学理念来自教师自身对学习的理解、对教学模式和教学文化的认同内化。但在实际教学活动中,教师由于缺乏先进的教学理念,又或者由于外部条件的限制,导致教师的教学理念无法有效付诸教学行动(朱志勇、阮琳燕,2018)。

第一章 导 论

我的研究合作者所在的 L 大学也一直在对大学英语教学进行改革。L 大学积极响应《国家中长期教育改革和发展规划纲要（2010—2020年）》中对全面提高高等教育质量的要求，根据《大学英语教学指南》中对大学外语教育的定位积极进行改革。将大学英语定位为大多数非英语专业学生在本科教育阶段必修的公共基础课程，其学科性质兼具工具性和人文性的双重性质。教学目标定位于培养学生的英语应用能力，增强跨文化意识和交际能力，同时发展学生自主学习能力，提高综合文化素养，使学生在学习、生活、社会交往和未来工作中能够有效地使用英语，满足国家、社会、学校和个人发展的需要。

教学方法与手段上采用"输出驱动"为主的教学方法，具体要求大学英语课堂以任务式、合作式、探究式教学方法为主，体现教师主导、学生为主体的教学理念。

（二）课堂教学实践方面

伴随着我国高等教育改革不断推进，面对社会经济发展的新需求，高校的课程和教学也在不断地进行改革。教师作为教育课程和教学改革中的重要一环，在教育和课程改革中起到了至关重要的作用。但是从目前看来，我国课程和教育改革中的质量保障体系还有待进一步改善。提高课程教学质量，其关键的因素在于人，这其中涉及教与学两方面。我国将核心素养作为 21 世纪课程教学改革的重要支点并在理论上形成了价值合理性，也尝试在实践环节获得相应的行动合理性。然而在实践环节的矛盾表现在理论的固化和实际教学情况多样化的矛盾。既然人是处于不断发展的状态中，那么对于课程和教学的改革就应该以人为本并倾向于整合课程、教学行动和主题式教学活动（张生虎、张立昌，2017）。

但是从目前的具体教育改革情况来看，对于教师专业发展的研究特别是对于教师在教学实践中的实然情况的研究还有欠缺。研究内容对教师具体教学方法的应用、知识和技能的讲授等方面侧重较多，对教师实践教学活动的实证研究较少（王婷婷，2016）。教师的教育实践活动所指并不局限于教师对于国外一些具体教学理念、教学方式、教学策略的应用，应该从教师的教学实际情境出发对教师在教学活动中的实然状态进行理解和解释，来揭示中国教育的实然状态并对其影响进行分析。在现今时代，知识已经不再是某一个阶级的特权。对于知识的掌握已经不能成为成功教学的必要条件，在这样的变化中，教师应该在教学中采用什么样的行动来适应新的时代要求，成为每一位教学工作者应该深思的问题。教学特别是大学英语教学更加应该积极响应新的教学需求,并在教学实践层面进行改革,而教师的教学行动则是改革成败的关键所在。关注"学生需求",形成教师引导和启发、学生积极主动参与的常态特征。

三、教育改革对教师的影响

(一)转变角色

人们倾向于按照某一项职业的工作方式来扮演角色,这就造成其他人会把某一职业群体的角色行为方式看作是某一项职业的外在特征,并形成对某一职业角色群体的"传统角色"。绝大多数的社会互动都有赖于人们对某一角色的"传统角色(stereotype)"(Willard Waller,1932)。

Willard Waller(1932)认为教师在从业过程中,或多或少都会受到教师职业中"传统角色"要求的压力,那些与教师职业所期待的"传统角色"相违背的教学行为会很容易被专业团体认为是缺乏职业道德。Willard Waller按照教师职业形成的契机区分了两种教师角色,一种是被叫做"天生教师(natural born teachers)",另外一种称作"培养的教师(made teachers)"。不论是通过哪种方式成长起来,当教师将职业规则内化并形成习惯时,他会被认为是真正符合教师职业要求的。事实上,在任何一种职业中,人的真正自由都来自其对于职业规则的遵守。当职业规则和教师行为自然融为一体,教师才能真正地获得自由。因为自由是一种来自人们没能认识到行为限制性规则前提下的视觉幻象。以赛亚·伯林区分了"消极的自由"和"积极的自由"的概念,认为在认识到自由限度的前提下形成的"消极自由"更能够催生合理的行动。如果"消极的自由"意味着一个人或者群体可以在一定限度内,成为所能成为的角色并行动,那么我们有必要对教师在教学中行动的自由限度有一个清楚的认识。Willard Waller发现除了一部分教师对于职业规则有较为清楚的认识并以此为行动界限外,另外一些教师决定摆脱教师职业所带来的"传统角色"束缚。他们在职业生活情境中尝试要像"人"一样,而不是像"教师"一样去对别人产生影响。教师对自身在职业中所扮演的角色的定位是对其职业行为产生影响的决定性因素(Willard Waller,1932)。

在对教师发展的研究中,"教师应当如何"和"如何才能成为教师"一直是两大话语主题。两大主题所关注的逻辑脉络有所区别,前者关注的是如何从"规范"到"现实",后者则关注"现实"如何成为"规范"。这两个主题的探讨,其实在趋近一个潜在假设回答:"教师是怎样的一种角色"(佐藤学,2013)。

教育教学改革影响着教师的日常教学行为,也影响着教师对自身角色的看法。教育变革是以教师的活动来实现,提高教师对教育改革的认识,才有可能产生变革的行动。激发教师对学校发展愿景和变革目标的认同,将有助于在学校里建立起改革取向的强势文化,动员教师投身改革的信心和动机,进而促进学校组织变革的顺利进行(操太胜,卢乃桂,2005)。教师角色扮演的成败对国家教育发展有着重要的影响。新的课程改革对教师角色提出了新的要求和期待。无论是对抽象概念中的教师角色,还是对教师具体课堂教学行为中所扮演的角色,时代、社会和专业团体都提出了新的要求,这势必要促使教师角色转型。

教师自身的角色观念对教学改革的成败也有着关键性影响。在各级各类教育教学改革政策文件中对教师转变角色提出了明确的要求,"角色认同是个体角色行为的自觉调节机制,是个体角色认知经验、情感经验与行为经验的整合结果,其实质是思想上和行为上对角色扮演的趋同"(吴刚,2011)。现今的教育变革与以往不同,除了教育与社会经济、文化变迁的关系外,还要特别关注教育系统中人与教育变革过程的关系。教育变革是通过人的具体活动,特别是教师的活动来实现的。通过激发教师的变革动机,提升认识,才可能产生变革行为,即"教师的社会行动"。所以在教育变革的背景下,应首先将"教师的社会行动"作为研究对象,考察教师在变革背景下的活动过程和行动背景,对教师与教育变革的关系作深入理解,有助于发挥教师的积极作用(钱民辉,2017)。教育改革所倡导的教育观念、教学风格和其他实践活动中的变化,对教师的"职业自我定义"产生着深刻的影响。寻求教师在教学中的"实然存在方式",获取教师自身的存在与工作意义的现实证据,探究教师作为教育主体在教育教学实践活动中的真实状态,能够有助于理解教师所扮演的"教师角色"和在此种角色定义下的"教学行动"。

(二)改进教学模式

由于教师所持有的教育教学观念的独特性,以及教学活动开展的具体情境和教学对象的多样性,使得"教学"这一行为在实践层面有着多样的表现形态。Philip Jackson 在 *The Practice of Teaching*(1986)中关注"教学"在行为本质上的特征,认为教师行为大致存在两种模式:"模仿模式"(mimetic mode)和"变化模式"(transformative mode)。模仿模式意味着以知识、技能的传授为基本方式的教学方式;变化模式认为教学的本质在于学习者的思维方式和探究的态度。从词源上来说，"模式"（model）在《现代汉语词典》中被解释为："某种实物的标准形式或使人可以照着做的标准样式"，词义相当于"模范""典范"。"教学模式"一词最早由美国的布鲁斯·乔伊斯（Bruce R. Joyce）和玛莎·韦尔（Marsha Weil）提出，在1972年出版的《教学模式》一书中，他们将教学模式定义为"构成课程和作业、选择教材、提示教师活动的一种范式或计划。"我国学者杨小薇、吴也显在90年代初的著作中开始进行专门论述。吴康宁（1999）认为模式具有两个来源，分别是"实践经验提升"和"理论构想转化"。这两种来源都反映了"模式"所具有的两种概念，一种是被社会（上级行政部门或专业研究者）所认可的"范型"，另一种泛指实践者在实践活动中逐步形成的"定型"，可以称为"应是模式"和"实是模式"。因此所有的"应是模式"都是"实是模式"，而得到社会认可的"实是模式"才是"应是模式"。吴康宁（1999）指出，模式应当具有多样性的特征，任何实践活动在实践主体与实践条件等因素的综合作用下而形成的相对稳定的套路或格局，都对实践活动起着主导作用，而"社会认可与否"不能成为判断其存在合理性的唯一依据。缺乏对大学课堂教学"实是模式"较为系统的研究和认识，导致"实是模式"的研究价值被忽视，也导致一些教育工作者在大学课堂教学实践中的努力得不到应有的效益。因此，对大学课堂教学的"实是模式"进行研究，不但可以为"应是模式"研究提供实践经验的支撑，也为"应是模式"在实践中取得效益提供一定的理论依据。

　　课堂教学模式是在一定教学思想或教学理念指导下形成的较为稳定的教学活动程序。我国教育改革对课堂教学模式进行探索、实践、反思、再实践，教学理念逐步侧重"学生中心""学习中心"和"以人为本"。探究性课堂教学模式有助于培养大学生的科学探究意识、方法和精神，在大学课堂教学中融入科学探究的学习和教学模式，有助于提高大学生的创新意识、科学意识以及研究精神（应湘，2005；王岚，2007；张天蔚，2007）。刘赞英（2008）认为要在大学教学中开展研究性教学模式还需要应对来自教学实际中三个方面的挑战。首先，需要在宏观（教育思想、培养方案）和微观（教学大纲、教学方法）两个层面将科研与教学有机融合；其次，对教师队伍建设提出了更高的要求；最后，要制定合理的教师评价标准。

　　以人为本的教育理念要求以人的全面发展为目标并提高人的核心素养和社会竞争力。王玲（2015）认为高校秉承以人为本的教育教学理念，才可以促进人的全面发展，实现人才培养与就业发展的无缝对接。国外相关研究更多阐明"以学生为中心"教学模式的重要性和必要性。有学者研究表明,基于当前美国大学的多元性,原有的二元教学模式受到了挑战,学生和教师将共同面对挑战,寻找问题的答案,而"以教师为中心"的教学模式已经不能满足当前的高校课堂教学需求。

(三)重新认识教与学的意义与关系

教师与学生共同构成了教学的主体,教师作为这一学习中体中起主导作用的能动者,其对"教"与"学"之间的关系和意义的重新定义尤为关键。世界范围内,"学习革命"是教育教学改革中的共同议题。在以学习为中心的理念倡导下,强调学习的自主性、合作性、主动性和实践性成为改革的焦点。新的学习理念,促使教师和学生重新审视"教学"概念,并对其进行重新定义。"当学习型组织开始促使成员致力于学习时,转变成员的学习观则成为首要任务"(Paul Clarke,2004)。

对教学的现实状态的探讨,意味着必须对教学的日常形态和教学工作的复杂状况进行描述性的探讨。理解并对教师教学现实情况进行梳理,有助于提高教育改革的有效性。对于大多数教师来说,对教育教学变革的接受程度取决于变革是否"实际",也即是否"现实",是否适合特定情境、教学对象,是否使教学主体能够因此而获利(钱民辉,2017)。教育改革在实践层面的核心议题通常是"提高教学质量"。教师在实践中是同时作为"技术行动者"和"道德实践者"在行动。教师教学实践能力的提升难以仅仅依靠其技术意义上的学习来实现,掌握微课、慕课、翻转课堂等技术手段并不必然导致教学质量的提升。教师作为"道德实践者",对教育教学改革中所倡导的"教"与"学"之间的意义以及关系的再认识,对教育改革有着重要的影响。"要使学习者意识到当周围的世界发生变化,学校和学校里的教师也必须转变观念。如果大家都接受这一观点则预示着必须重新设计教和学的方式,因为要通过经验来学会学习,而不是事先就定义好且设计好了学习的课程内容"(Paul Clarke,2004)。"建议教师们应该站在领导者角度,在创造学习团体时起积极的引导作用"(Paul Clarke,2004)。

把学习定义为一种以学习行为为核心的师生间意义与关系的建构。"作为认知性、文化性实践的学习,在课堂这一场所中,是通过师生关系与同学关系这一人际、社会的沟通来实现的"。在学习共同体理念下,教师和学生共同构成课堂的主体,其中教师应当是学习行为的主导者,是"教"与"学"新意义的沟通者和"教"与"学"新关系建构的主要领导者。

(四)转变教学文化

狭义的文化一般被定义为：一定社会群体习得并且共有的一切观念和行为。对影响教师思想和行为进行研究，也即对教师文化进行研究已然成为教师研究的一个重要方面(王守恒,2011)。在我国的教育改革的不断推进中,对教师职业群体所提出的文化要求也在不断提升。王守恒(2011)认为教师文化可以分为三个层次。首先是教师的思想理念层次,其次是价值体系层次,最后是行为模式层次;三个层次相互融合为一个整体。

教师文化具有内在功能。首先,教师文化内在功能有助于价值观认同。教师职业工作,主要是在教室这一特殊文化场域中开展。教师在这个特别的文化空间里,按照教师职业群体所特有的价值观念来进行思考和行动。其次,教师文化有助于促进个体职业社会化。教师文化能够促进教师个体对教师职业价值的内化、对职业规范的认同并形成职业风格。

教师文化具有外在功能。教师在教学活动中依据已形成的价值取向和思维方式对课程进行设计、实施,与学生进行沟通交流并对学生学习产生影响。

教师文化具有多样性和多层性的特点,基于课堂的社会情景而生成的人际关系则表现为教师在课堂教学实践中所特有的思考和行为。教师文化是通过对课堂问题的处理和解决而生成的(佐藤学,2013)。Willard Waller(1932)对教师文化做了开创性的研究。Willard Waller 长期深入课堂并对教师教学进行观察,采用了质性研究方法对教师文化进行分析,提出了要重视教师在课堂中作为"人"的特性。Willard Waller 认为只有融于共同体(community),具有整体性(wholeness)思维方式的教师,才是全人的教师。这是一种在"以知识为中心,教师和学生共生知识的教学理念"指导下的教学行动,构建了一种"解构教师知识权威,赋予学生话语权力的师生关系",是源于"教师自我革命"式的"祛魅"(朱志勇、阮林燕,2018)。

我国教育改革推进中一直将教师专业发展摆在重要的位置。国务院2017年1月10日印发并实施的《国家教育事业发展"十三五"规划》中明确提出要提高教师专业素养,鼓励教师不断探索教学新技术新方法新形态的积极性,能够有效提升本科教学质量。无论是教育理论工作者、教育政策制定者、教育决策者,还是教师本身都认为教师专业化不仅仅要求教师具有良好的职业道德、学科知识、教育教学能力,还要成为研究者,对工作具有反思态度和探索能力(王守恒,2011)。教师专业化意味着教师不但是教学实践中的行动者,也是研究者。这需要教师群体形成"反思型"文化研究,要求教师在教育教学实践中,以教学活动实践为出发点,对自身实践进行分析和修正,不断提高自身教育教学能力和素养。

第三节　理论思考

安迪·哈格里夫斯指出:"我们知道要变革教学,必须真正了解教学本身以及教学的实施者(即教师),而不是通过过分简化的方案强迫教师做某事,而这些方案正建立在关于'教师职业应当包括什么'的单边印象基础之上,或为它所支持。"教师在教学活动中的作用被越来越多的研究所关注。教师作为教学活动中起主导作用的"教"的一方,其能动性特征的研究价值受到了肯定和认同。教学改革发展对教师的角色要求也从单一的知识传授者转向专业行动者,对教师教学实践能力的要求也从教学技能转为强调教师的专业实践能力。教学改革发展对教师专业发展的要求越来越迫切,教师所"具有的"和"应具有的"专业资本也呈现多样化,也带来教师专业活动的多样性。

一、能动性的专业人士

埃哈尔·费埃德伯格认为从行动的观察视角来看,权力具有可能性的协商性交换,权力可以而且必须被界定为一种行动者的能力,用于塑造对自己有利的或持久性的交换过程。能动性是行动者行动的自身条件,权力则是行动者行动的社会基础。安东尼·吉登斯和皮埃尔·布迪厄都对这两方面对社会行动的影响做出了详细论述。在他们研究的基础上,教师的社会行动也可以展现这两个层面的意义。教师作为专业人员具有能动性,具有能够进行教学行动的身体条件和社会基础。

资本一般是指那些对于个人或者团体的目标实现有所助益的资产。对于学校的教育活动来说,高质量的教学有赖于高质量的资本投入。相对于商业资本来说,专业资本才是世界上成功的学校体系建设中最有价值的社会资产(安迪·哈格里夫斯、迈克·富兰,2015)。从专业资本的概念视角来对教师教学行动进行研究,为我们提供了一个新的研究视角,有助于我们对教师行动进行较为全面的研究。首先对于资本概念,法国社会学家皮埃尔·布迪厄将资本划分为经济资本、文化资本和社会资本三个类别。在三类资本中,最重要的是文化资本。皮埃尔·布迪厄将文化资本进一步分为三个状态:形体化状态、客观化状态和制度化状态。符号暴力(symbolic violence)的概念,即在权力关系当中加入了强大的符号力量。布迪厄认为既然专断权力产生文化专断,那么所有的教育行动都是一种符号暴力,这种权力也是教育交流关系成立的条件。而安迪·哈格里夫斯和迈克·富兰主要从教育教学中教师专业发展个体能动的角度来对资本进行了进一步的阐释,并提出了专业资本的概念。专业资本由三类资本构成:人力资本、社会资本和决策资本。当然安迪·哈格里夫斯和迈克·富兰在提出专业资本的概念之前对专业资本产生背后的理念进行了说明。教学不是一件简单的事情,其工作与医生所具有的专业特点并无二致。教师像专业人士一样教学,其中蕴含了专业化和成为专业人士这两个彼此交织相互联系的重要概念,安迪·哈格里夫斯和迈克·富兰称之为"专业主义"。专业资本中第一个构成是人力资本,教学中的人力资本是指教师对于教学所必须具备的知识和技能的掌握,包括对于学科和教学对象的熟悉。人力资本相当于个人的禀赋,当然安迪·哈格里夫斯和迈克·富兰也指出,正是由于个人禀赋的存在,我们的教师才需要专业团队的存在,建构合作的人际关系网络,因此引出了专业资本中另外一个社会资本。教师所具有的社会资本可以保证教师在相互学习中不断地积累知识,扩大教学资源。决策资本的本质特点是行动个体在特定场域中可以并且有能力自主、独立地做出恰当决定和判断。"这里的'社会资本'是指专业工作者通过结构化和非结构化的经验、实践与反思,而获得并积聚的资本,这类资本可以使他们在那些没有明确法则或仅有争议性证据指引的情况下,做出明智的判断"(安迪·哈格里夫斯、迈克·富兰,2015)。在专业资本的逻辑中,人力资本导致社会资本(专业人士互动),进而提升决策资本,决策资本的提升有助于人力资本的提升。而这一逻辑依赖于教师的反思性实践,特别是集体的反思性实践。教师们和同事们进行交流的意愿强烈,因为与其他同行的分享有助于他们深度分析自我行为。通过其他教师们的视角和建议更好地改进工作,通过整体价值来实现自我的理论原则(保罗·克拉克,2004)。国内一些学者从不同的视角对教师专业资本以及教师专业化的发展进行了有意义的研究。从以上论述可以发现,教师专业发展的内在需求需要互惠合作的交往方式(刘雪飞、骆徽,2013;Sakiko Ikoma,2016)。教师要在事实上具备专业人士的身份,就必须将专业素养上升至专业资本层次。在有效专业化的过程中专业资本的积累除了人力、社会、决策资本外还应该加上心理资本(高振宇,2017)。除此之外,一些研究这认为高校教师作为人力资本的增值不但有赖于教师自身的内在需求,也取决于外部保障机制的建立(刘涛,2011)。而名师工作室可以成为教师间的专业互惠合作的重要载体(曾艳,2017)。从教师管理的角度来看,以合作、互信作为重要评价指标来建构合理的教师专业发展的评价体系对于教师专业发展也具有重要意义(涂三广,2008;Cheri Hoff Minckler,2011)。而在教师的实际工作中,教师在团队互惠合作中所积累的专业资本,也会给教师的实际工作带来信心,也有助于教师职业满意度的提升(Andrea Nolan & Tebeje Molla,2017;Christine Annette Burke Adams,2016)。

从以上研究可以发现无论是国内还是国外的研究者,对教师的专业资本在教师专业化的过程中所具有的重要作用都持有肯定的态度。相关领域的研究主要关注教师的社会资本和决策资本。根据安迪·哈格里夫斯和迈克·富兰所表达的观点,教师教育教学行动的专业化有赖于人力、社会、决策三类资本的有效呼应。在我们关注教师作为行动主体的能动作用的同时,也不应该忽视教育行动中文化资本所拥有的结构性影响。国内目前从专业资本的角度对教师进行的研究相较于国外数量少,实证研究少,特别是较为宏大的跨地域研究几乎没有。教师的专业性,对教师的教学行动产生着紧密的影响,特别是在决策层面。团队互惠式合作、评价机制和外部保障条件也是必要的,对于专业资本教师工作满意度、自我效能感等方面的影响还有待进一步的研究。在教师的教学活动中,专业性有赖于专业资本的形成和发展,而专业性则会直接对教师的教学行动的专业化程度产生直接影响,因此专业资本理论有助于我们从一个较为新颖的视角来对教师的教学行动进行理解。"教师必须学会使用他们的知识基础作为其决策和行动的依据。因此,教师教育必须提供用以指导教师行动的信念,以及构成教师选择的原则和依据"(李·S.舒尔曼,2014)。

二、专业行动执行者

"不论理性有限性如何,行动者有能力是其最基本的特性"(郭强,2013)。汤姆·R.伯恩斯把人的能动性指向为行动者的知识性,行动者在规则形成和变革中的创造性,以及行动者在社会制度和生活形式的形成与重建中的策略性行为。课堂场域中,不同角色所在"位置"之间的社会空间构成了客观权力关系。占据这些"位置"的权力角色是由其所占有的社会资源或权力资本所决定的(李林松,2010)。按照皮埃尔·布迪厄对"位置"的论述,场域中的"位置"是客观存在,不同"位置"对角色所具有的社会资源和权力资本有不同的要求。在课堂场域中,教师相比学生所拥有的文化资本和社会资本更多,代表社会通过教学实践的方式对学生施加有目的、有计划的影响,从而在课堂场域中占具相对重要的位置。惯习作为"外在性的内在化"(皮埃尔·布迪厄,1998)是权力角色长期占据场域中某一"位置"的必然结果,因此课堂场域中,教师由于资本的占有获得权力,并在连续性的位置占有中形成了课堂场域中这个"位置"所特有的行动方式和符号表达。

"任何行动者都不能'储存'权力,即使是权力真正存在于诸种结构之中。行动者将始终依据行动环境结构配置给他的不对称资源来实施权力。通过权力的实施,行动者赋予权力以现实性和有效性;行动者通过这种方式,才将资源的不对称性转化为社会行动"(埃哈尔·费埃德伯格,2005)。教学实践活动中,"教师和学生所具有的主客体二重性、教师和学生既是目的又是手段,因而具有目的和手段的二重性规定"(李林松,2010)。师生间的这种二重性规定决定了师生间平等自由的关系,也使师生都能以主体形式参与课堂互动。但是学生的主体性并不具有完全的"自致性",课堂中教师对学生主体地位的承认和肯定,需要通过对教师教学自由的规范限定来实现。在埃哈尔·费埃德伯格看来,这正是"决策行动者"所具有的特征。"决策行动者"是指行动领域中的个体在对对象的个性、兴趣、愿望和计划的种种假设基础上持续性的互动过程。在此过程中"决策行动者"对对象行为进行解释,对行动情境进行建构,适应行动领域的惯习同时又通过自身行动来改变惯习的行动者。教师作为"决策行动者"意味着教学行动一方面依赖行动者个体过去的经验来理解情境;同时这种个体经验同时也对行动者适应情境构成限制条件。另一方面,经验也成为行动者对情境中既定条件进行改变的依据。"行动者是依据条件来行动的,行动者并不独立于行动领域而存在;行动领域的结构对行动者的理性和行动构成了限制条件,但是这反过来又对行动领域的结构产生影响"(埃哈尔·费埃德伯格,2005)。从埃哈尔·费埃德伯格对行动者的描述中我们不难发现,行动者应具备行动的知识性、研究性且扮演着积极对行动规则进行改变的存在者角色。进而,行动者的基本属性特点可以被概括为:经验、人本和理性(郭强,2013)。

从行动者的基本属性特点可以鉴别出行动者的行动理由。行动的外部理由来自行动者过去的经验,而行动的内在理由则是来自行动者内在的对已经历事情的认知和意愿,也可称为理性理由(郭强,2013)。行动者在对特定情境进行理解的基础上,以权力作为行动保障,依据自身经验,在一定观念和意识形态影响下采取行动。在这里,教学观念通常指教师对学生在课堂成就方面抱有的推论性判断,经验性知识构成了教师课堂教学行动的可靠依据(Willard Waller,1937)。但是从对已有文献的阅读中我们发现,对导致教学行动的经验性知识的考察集中于教师实践教学经验,缺少从教师的学习观和学习经验的视角来观察观念对教学行动所产生的影响。

教师和学生共同构成课堂教学活动的主体,教和学的行为分别在教师和学生各自角色中具有存在的合理性,教师作为教学实践中掌握经验和知识的一方,对其课堂教学行动方式,以及对教学行动的影响因素进行研究,有助于我们从新的视角对教师在课堂教学中的能动性进行深入了解。从行动的视角入手也有助于我们以教学行动为意义脉络来考察教学行动对学生所产生的影响。

第四节 研究意义

近年来中央出台的《关于全面深化新时代教师队伍建设改革的意见》《教师教育振兴计划》等关于教师的重要政策文件,其中不断提及的概念就是要提高教学质量。要想提高教学质量,教师在教学这项具有社会性特点活动中的作用至关重要。然而长久以来,我们习惯了从专业、知识、技能等方面来对教师教学影响力进行探讨。

在这个过程中实际上是把教育教学活动从人类的社会活动中概念化,作为一种理想状态来进行审视。国内教师课堂行动在研究方法上缺少学理分析,较多地停留在行动的关注方面(刘冬梅,2012)。随着教学理念与教学行动之间的关系逐渐成为研究者关注的重点,对教师教学行动方式进行研究,并解释其教学行动的影响因素具有一定理论和实践意义。本研究将教师的教学行动作为研究切入点,从分析当前教师专业资本样态出发,从社会学的视角对教师的专业发展进行分析,进而更好地对教师专业发展中所存在的问题进行研究,并揭示教师专业发展中潜在的影响因素。通常来看,对于教师专业发展的研究,基本上都集中在对于特定教学方法、特定教学内容、国家政策文件的解读、教师对于新的课程理念和教学理念的适应贯彻等方面,对于教师的专业性行动中所表现出来的能动性研究较少。经常出现无论怎么改革,理念总是因为各种各样的实际原因而无法落到实处。似乎政策规定、课改、建议总与教师专业发展的实际情况有一定的差距。本研究旨在通过对教师在教育活动中方方面面的专业性特征，以及专业化活动所展现出来的专业资本样态作为研究的出发点，通过对教师"教学行动"数据材料进行分析，探索教师在教学中所展现的特征和特点，增加我们对于教师专业发展实际情况的了解，并能够为学校和相关教育部门做出更合理有效的教师专业发展决策提供参考，为教师的"教学专业"发展提供更好的发展思路。

把教学活动还原到真实的教育教学情境中，对教师的教学行动进行研究，具有重要的理论意义和实践意义。

首先，本研究尝试从"专业资本"的概念出发来对教师专业发展状况进行认识和理解。对于教师的专业发展，一直以来有重科研轻教学的态势。造成教研现状的原因是复杂多样的，但是有一点值得我们反思并肯定的就是，教育教学本身也是一种科学研究。然而长久以来受到实验科学的影响，教育工作者常常将教学的科学研究脱离教学情境和教学对象，甚至认为只有理论才是科学研究。而显然离开情境的语言教学理论甚至直接"拿来"的国外教学理论经常表现出"水土不服"的状态，这和教学理论与实践的脱节不无关系，且经常误导一线教师去追求那些"教学理论"和"教学方法"却忽略了自己真实的课堂经历。在教育教学活动中，真实发生在教学场域中的事件也应该受到关注，这不仅为教师专业发展、教学研究提供了新的思路，也是教育教学活动的必然要求。

其次，对于教育专业来说，其所具有的特殊学科特征，也需要我们对教育实际进行关注。教育专业兼具工具属性和人文属性，无论是从我国当前的发展现状来看，还是从学生个体自身发展的需求来看，从社会学的资本视角来对教师专业资本进行研究，可以突出"人"作为能动者的作用。教学改革的理念需要教师在课堂的真实生活情境中落实。对教师在课堂层面的教育行动及其行动所具有的专业资本进行研究，有助于学校和教师对教育实践有更加清楚的理解。通过对教育行动的资料进行分析和质性研究范式的使用，可以对教学改革、学校发展和教师专业发展产生积极的作用。

第一章 导 论

小结：

教育改革文本所表达的是一种"文本性知识"，而教育改革实施中的坚守则是一种"地方性知识"。"文本性知识"生成逻辑来自"科学场域逻辑"和"政治场域的逻辑"，教师的实践性逻辑是被悬置的。换句话说："文本性知识"的形成过程中，教师作为最终技术性实施者，其实践逻辑是被排除在外的。"地方性知识"展示着教师自身的实践智慧，也同时局限了教师的视野。当"地方性知识"和"文本性知识"同时指向学生"发展"时，必然导致教师在"合法化"文本性知识之内寻找行动的逻辑，这也是教育专业发展的重要特征。

教师在教育领域的行动是一种独特的实践活动，同时具有"演示"和"彰显"两种功能（胡之骐、何英，2016），也是教师专业活动中所具有的专业资本的具体展现。教师在面对新的改革要求时，对其教学实践活动的关注应包括教师的一些具体教学理念、教学方式、教学策略以及教育改革理念在课堂实践层面的样态。"教学是教师的主要工作，教师的行动可以理解为一种共同体内成员的行动——教师行动在教学活动中体现出公共性"（胡之骐、何英，2016）。在现今时代，知识已经不再是某一个阶级的特权。对于知识的掌握已经不能成为成功教学的必要条件，在这样的变化中，教师应该在教学中采用什么样的行动来适应新的时代要求，成为每一位教学工作者应该深思的话题。"教师教学思维和行动特征之间的关联，在于教师对教与学的整体性理解作为一个全观性的世界观，指导着他们在日常工作中知行合一的行动样态"（胡之骐、何英，2016）。教师只有通过不断反思，才能实现自身经验知识与具体教学工作间的知行合一。转变角色、转变课堂教学模式、重新认识教与学的关系和意义、转变教学文化，进而更新教学理念以指导课堂教学行动则是改革成败的关键所在。

第二章 专业资本视角下对教师专业行动的现场考察

教师专业性是教师自身"所具有的专业性"的自然流露。教师的专业性与教师自身所"拥有"的与专业有关的一切相关。然而在专业活动中，教师"所具有的一切"包括教师对作为专业主体自身的反思，以及与其他主体间共同构成的"多主体间性"。因此专业主体性不仅仅指作为教师角色的"人"对自我的所有认识，还包括在教学活动中与教师这个教学主体具有主体"间性"的一切。教师在具有"间性"的多主体情境中，在沟通中所建构起来的意义，构成了教师作为专业人士所具有的资本。

第一节 教师作为专业行动者所接受的政策指引

Easton（1957）认为政策是指一个群体做出权威的决定，再付诸实施的一个过程。公共政策包括政府制定并采取的一系列行动（Cochran, Meyer, Carr & Cayer, 2009）；一系列旨在解决问题或实现具体目标的规则和法律（Kraft & Furlong, 2013）。因此，决策一般被认为是公民和政府官员之间通过对话以找到最好的解决办法，这应该是一个细致而周到的过程。决策过程将会遵循一系列合乎逻辑的事件，以确保所做的决策是根据所处情况和环境做出的最佳决策。然而，在这个决策过程中，有意识和无意识的信念会对决策的结果也即政策的形成产生影响。

决策过程是人类互动交流所固有的，我们的思维是一种反思性的操作，在这种操作中，我们从一种怀疑的状态中寻找事实，以阐明不确定性，并确定我们的信念是对还是错（Dewey, 1910）。在公共领域，就像在日常生活中一样，问题不断出现，政府正是通过公共政策来解决这些问题。公共政策是官方的意图、法律、规范、法令和条例；换句话说，就是政府对问题的响应（Cochran, Meyer, Carr & Cayer, 2009）。公共政策是在这样的背景下制定的,这种背景虽然不能决定它们,却能影响它们,使它们变得非常复杂,因为它们需要考虑大量的正式和非正式因素,包括价值观(Sharma,2016)。政策产生于一个决策的过程,始于问题识别,编译相关信息,以及通过专家和社会的对话分析所有可能的后果,最后形成决策(Sharma,2016),然后进行实施。Dewey(1910,1916)认为决策过程具有如下特征。

(1)困惑和疑虑。

(2)初步解释。

(3)分析问题:对有关问题的信息进行研究和观察,以便清楚地了解问题。

(4)可能的解决方案:提出初步的解决办法,以便深入详细说明事实和结果。对未来的结果进行推论或产生想法,以考虑其影响,并评估行动的可能选项是否可行或不合逻辑。

(5)决策:从可能的解决方案中挑选出经过考虑的最佳方案。

(6)实施解决方案:已决定的解决方案被付诸行动。

(7)结论:对执行的决策的结果进行判断。

这种做决策的方法是个人的,它包含个人的观点,因此,决策过程会受到自我意识的约束和影响。这就意味着,如果一个人的想法和问题优先于他人的问题,同时重视他人对自己表现的看法,而不是真正解决问题,并且对问题没有清晰的认识,这些都会影响他做出正确的决定。此外,决策会受到一个人的生活、职业和之前成功或失败的经历的影响。实际上,正如 Dewey(1910)所指出的,可能的解决方案大多都来自先验知识和过去的生活经验,这就在很多情况下导致忽略了对问题本身的思考。换句话说,通过以前的经验和知识得出假设,而不是通过分析问题和寻找可能的解决方案得出决策方案是草率的。同时,Dewey 认为这些假设中有许多个甚至基于之前没有人测试过的"证据"。这个现象在政策制定中较为常见。Merton(1936)提及政策失败最主要的的原因是缺乏对问题的理解,分析问题草率、不充分,得出错误的解决方案。Merton(1936)强调,因为在许多情况下,结果是无法预料的,所以这份草率使得选择的解决方案不是解决问题的最佳方案。

同样,Howlett(2009)提到,因为政策工具的选择没有经过仔细的计划和评估,所以政策往往会失败。此外,Linder 和 Peters(1989)指出,对所选择的工具及其执行的实际后果缺乏了解会导致政策失败。这种缺乏深刻思考的情况,常常导致政治家们根据目前可用的资源来选择工具,不管它们是否有效,或者是选择他们最喜欢的工具而不是根据它们的有效性和执行能力来选择工具（Bresser & O'Tool, 1998）。Dewey（1916）认为，政策设计是"嵌入在日常经验中"的。

除了以上所提及的，政策设计的过程也充满了假设。在决策的时候，决策者倾向于对人类的行为，以及影响人类行为所需的资源和行动做出假设。根据 Schneider 和 Ingram（1997）的定义，假设是"连接各个要素的或明或暗的根本前提"，它包括人们产生假设的价值观、思想、象征意义、目标和利益，以及他们对人口和权力关系的看法。他们通常不在政策中阐明，却在连接所有元素时起着基本的作用。

在一个特定的领域，政策工具受到其内部不同参与者、目标、网络等问题的影响，同样也受到已存在的政治制度的影响（Linder & Peters, 1989）。它们因国家而异（Howlett, 2009），随时间而变（Lascoumes & Le Gales, 2007），其中的假设是多种多样的，涉及不同的方面。根据 Bobrow 和 Dryzek（1987）的研究，人们往往集中在制定政策的过程中，而忽略了做出特定选择的原因。因此，我们有必要对推动特定政策的假设进行思考。Dror（1971）提到，假设不仅对选择政策工具有影响，更重要的是在一场大规模治理中对发展特定的行为有影响。因为其重要的是"有自我意识，并且要考虑自己的范例、假设、隐性理论、基础设施，作为明确的学科研究和有意识的塑造的应用程序"。

正如 Schneider 和 Ingram（1997）所指出的，这是政策的第一个假设。人们只需要遵守而不需要积极强化，因为采取行动来避免制裁是人的基本行为本能。然而，对于教育决策团队而言，政策还是关于鼓励改进和做出最佳方法的引导。Elmore（1987）认为政策从制定到实施过程中存在许多的信念假设。首先，人们认为没有规则约束的行为将与人们所期望的行为相反。因此，规范行为的框架就非常必要。其次，人们认为政策具有执行中的强制目标定向性，给谁制定谁就要遵守。再次，人们认为目标人群拥有采取相应行动所需的所有条件。最后，制裁的存在确保了人们遵守法规。Howlett（2009）将政策描述为用法定权威来确保大众服从的文本语言。因此，在许多情况下，它们往往伴随着财政制度、行为监管及义务。如果人们不遵守这些义务，就会受到制裁。因此，对于 Bresser and O'Tool（1998）来说，政府的目标是引导目标人群的行为，所以规则是具有指导性和凝聚力的机制。接下来我们尝试通过对我国教师专业发展相关政策文本进行分析梳理，从国家政策层面来对教师在教育教学行动中所具有的政策资本情况进行分析。

《面向 21 世纪教育振兴行动计划》是教育部在 1998 年 12 月颁布的旨在落实中国共产党第十五次全国代表大会提出的跨世纪社会现代化建

第二章　专业资本视角下对教师专业行动的现场考察

设的宏伟目标与任务，对落实科教兴国战略做出了全面部署的一份综合性教育政策文件。其目的是在新世纪中为了实现党的十五大所确定的目标与任务，落实科教兴国战略，全面推进教育的改革和发展，提高全民族的素质和创新能力，而制定的一份行动计划。《面向 21 世纪教育振兴行动计划》是在贯彻落实《教育法》及《中国教育改革和发展纲要》的基础上提出的跨世纪教育改革和发展的施工蓝图。其重点在于全面规划，突出重点，抓关键，重落实。行动的主要目标是：到 2000 年，全国基本普及九年义务教育，基本扫除青壮年文盲，大力推进素质教育；完善职业教育培训和继续教育制度，城乡新增劳动力和在职人员能够普遍接受各种层次和形式的教育与培训；积极稳步发展高等教育，高等教育入学率达到 11% 左右；瞄准国家创新体系的目标，培养造就一批高水平的具有创新能力的人才；加强科学研究并使高校高新技术产业为培育经济发展新的增长点做贡献；深化改革，建立起教育新体制的基本框架，主动适应经济社会发展。到 2010 年，在全面实现"两基"目标的基础上，城市和经济发达地区有步骤地普及高中阶段教育，全国人口受教育年限达到发展中国家的先进水平；高等教育规模有较大扩展，入学率接近 15%，若干所高校和一批重点学科进入或接近世界一流水平；基本建立起终身学习体系，为国家知识创新体系以及现代化建设提供充足的人才支持和知识贡献。

《教师教育振兴行动计划（2018—2022 年）》是教育部等五部门共同印发，并要求各省、自治区、直辖市教育厅（教委）、发展改革委、财政厅（局）、人力资源和社会保障厅（局）、编办，新疆生产建设兵团教育局、发展改革委、财政局、人事局、劳动和社会保障局、编办结合实际认真贯彻执行。本行动计划距离《面向 21 世纪教育振兴行动计划》发表有整 20 年的时间。在本次行动计划与 1998 年的行动计划最大的不同点在于针对性强，目标直指教师教育，认为教师教育是教育事业的工作母机，是提升教育质量的动力源泉。并根据《关于全面深化新时代教师队伍建设改革的意见》（中发〔2018〕4 号）的决策部署，按照国民经济和社会发展第十三个五年规划纲要及国家教育事业发展"十三五"规划工作要求，采取切实措施加强教师教育，推动教师教育改革发展，全面提升教师素质能力，努力建设一支高素质专业化创新型教师队伍，特制定教师教育振兴行动计划。

全面学习贯彻党的十九大精神，紧紧围绕统筹推进"五位一体"总体布局和协调推进"四个全面"战略布局，坚持和加强党的全面领导，坚持以人民为中心的发展思想，坚持全面深化改革，牢固树立新发展理念，全面贯彻党的教育方针,坚持社会主义办学方向,落实立德树人根本任务,主动适应教育现代化对教师队伍的新要求,遵循教育规律和教师成长发展规律,着眼长远,立足当前,以提升教师教育质量为核心,以加强教师教育体系建设为支撑,以教师教育供给侧结构性改革为动力,推进教师教育创新、协调、绿色、开放、共享发展,从源头上加强教师队伍建设,着力培养造就党和人民满意的师德高尚、业务精湛、结构合理、充满活力的教师队伍。

综合上述两个文件的历史时代背景,我们可以发现之间的联系,有助于我们更好地把握我国教育的时代发展,更好地落实各项教育改革政策。

首先,两份文件都是立足于"行动"。强调政策法规的具体实施和落实,防止各项方针政策成为一纸空谈,也更加鲜明地为各级各类党政和教育部门的行动指明了具体行动方式,是两个重要的行动指南。

其次,两份文件的关键词里面都有"振兴"二字。从中我们不难发现党中央和政府在1998年和2018年对于我国的教育现状和教师教育现状的判断和期待。在2018年的《教师教育振兴行动计划(2018—2022年)》中,党中央和政府基于当前的教育现状和国家发展的需要对教育发展和改革做出了更加细致的行动计划目标直指教师教育,抓住了教育改革的关键影响因素,推动教育事业的深入发展。

两份行动文件的不同之处在于关注焦点发生了变化。1988年的《面向21世纪教育振兴行动计划》是在我国进入21世纪前,对于我国整体教育事业发展的一份教育振兴行动计划。其时代背景是中国共产党第十五次全国代表大会提出的跨世纪社会现代化建设的宏伟目标与任务,以及对落实科教兴国战略做出的全面部署。为了实现党的十五大所确定的目标与任务,落实科教兴国战略,全面推进教育的改革和发展,提高全民族的素质和创新能力而制定的教育振兴计划。而2018年《教师教育振兴行动计划(2018—2022年)》则是根据《关于全面深化新时代教师队伍建设改革的意见》(中发〔2018〕4号)的决策部署,按照国民经济和社会发展第十三个五年规划纲要及国家教育事业发展"十三五"规划工作要求,全面学习贯彻党的十九大精神,紧紧围绕统筹推进"五位一体"总体布局和协调推进"四个全面"战略布局,全面贯彻党的教育方针,坚持社会主义办学方向,落实立德树人根本任务,主动适应教育现代化对教师队伍的新要求,以提升教师教育质量为核心,以加强教师教育体系建设为支撑,以教师教育供给侧结构性改革为动力,推进教师教育创新、协调、绿色、开放、共享发展,从源头上加强教师队伍建设,着力培养党和人民满意的师德高尚、业务精湛、结构合理、充满活力的教师。

第二章 专业资本视角下对教师专业行动的现场考察

相比较来说,1998年的教育行动计划更具有全局性,而2018年的行动计划更加具有针对性。

一、分析的理论视角和分析方法

马克思·韦伯作为理解社会学理论大师,最早提出了社会行动理论,首次揭示出人类社会行动的理性化特征,并进行了系统的分析,为社会学理论的发展奠定了基础。韦伯将社会学理论分为四类:第一种是目的理性的行动,包括精确的计算和使用最有效的手段,这种行动最典型的表现就是官僚式的组织机构;第二种是价值理性的行动,不是算计而是一种价值理性的行动;第三种是情感式的行动;第四种是传统式或者权威式的行动,出自于既成的实践,出于对权威的尊重而做出的行动。本书主要是从目的理性行动的角度来对两个文本中关于教师发展和教师教育的行动计划进行比较分析。在分析的过程中还加入了为了保障《面向21世纪教育振兴行动计划》顺利实施,教育部在2004年制定的阶段性文件《2003—2007年教育振兴行动计划》。

二、政策文本分析

马克思·韦伯在探讨社会行动时,探讨了四种社会行动的分类,其中目的理性行动是指"行动者"通过对周围环境的考量及理性计算来决定目的与手段的行动。目的合理性包含两层关系,即所设定的行动目的是否恰当及目的和手段之联系是否合适。从1998年到2004年的教育行动计划再到2018年的教师教育行动计划,其中关于教师教育和教师发展的行动计划和条目都有所呈现。当然2018年的教师教育行动计划则更为聚焦于教师。一系列的教育行动政策文件,其最终目的都是经过一系列的理性考量后来制订行动计划,无论如何行动,教师始终是关注的焦点。2004年的行动计划其实可以看作是1998年教育振兴行动计划的阶段性指导性文件,目的是进一步确认教育行动计划的进行情况并按照时代发展的新要求进行适当的补充也起到带动作用。将三个文件中涉及教师发展的条目罗列下来,便于我们更加直观地对其进行比较分析。分析过程总共分为两步,第一步以教师教育和教师发展作为主题来收集三个政策文本中的相关信息;第二步将关键词进行比较分析,探讨20年来教师发展行动计划的发展情况。

第一步：资料收集。

《面向21世纪教育振兴行动计划》

（一）实施"跨世纪素质教育工程"，提高国民素质。实施"跨世纪素质教育工程"，整体推进素质教育，全面提高国民素质和民族创新能力。改革课程体系和评价制度，2000年初步形成现代化基础教育课程框架和课程标准，改革教育内容和教学方法，推行新的评价制度，开展教师培训，启动新课程的实验。保证学校体育和艺术教育教师的数量和质量，提高教学水平。

（二）实施"跨世纪园丁工程"，大力提高教师队伍素质。

大力提高教师队伍的整体素质，特别要加强师德建设。2010年前后，具备条件的地区力争使小学和初中专任教师的学历分别提升到专科和本科层次，经济发达地区高中专任教师和校长中获硕士学位者应达到一定比例。要加强和改革师范教育，提高新师资的培养质量。实行教师聘任制和全员聘用制，加强考核，竞争上岗，优化教师队伍。认真解决边远山区和贫困地区中小学教师短缺问题。要进一步完善师范毕业生的定期服务制度，对高校毕业生（包括非师范类）到边远贫困的农村地区任教采取定期轮换制度，并享受国家规定的工资倾斜政策。鼓励各级政府机关公务员到中小学任教。

（三）实施"高层次创造性人才工程"，加强高等学校科研工作，积极参与国家创新体系建设。采取国家拨款与自筹经费相结合的办法增强科研经费支持力度，提高科研、教学质量及设备装备水平。设立高等学校优秀青年教师科研和教学奖励基金。

（四）实施"高校高新技术产业化工程"，带动国家高新技术产业的发展，为培育经济新的增长点做贡献。

（五）贯彻《高等教育法》，积极稳步发展高等教育，加快高等教育改革步伐，提高教育质量和办学效益。积极推进高等学校的教学改革，改革教育思想、观念、内容和方法。加强实践教学基地和"双师"型教师队伍建设。

（六）积极发展职业教育和成人教育，重点建设50个职业教育专业教师和实习指导教师培养培训基地，地方也要加强职业教育师资培训基地建设。

（七）深化办学体制改革，调动各方面发展教育事业的积极性。

（八）依法保证教育经费的"三个增长"，切实增加教育的有效投入。各级财政要认真落实已出台的筹措教育经费的各项法律规定和政策，特别是要保证做到《教育法》规定的教育经费的"三个增长"（即各级政府教育财政拨款的增长要高于同级财政经常性收入的增长,在校学生人均教育经费逐步增长,教师工资和学生人均公用经费逐步增长)。加快高校筒子楼建设和危房的改造,争取到2000年基本解决高校青年教师住房困难。同时,要继续加强中小学教师的"安居工程"的建设。

(九)高举邓小平理论的伟大旗帜,加强高等学校党的建设和思想政治工作,把高等学校建设成为社会主义精神文明建设的重要阵地。加强"两课"教师的培训工作,提高他们的政治和业务水平,提高思想理论教育的实效。

《2003—2007年教育振兴行动计划》

重点推进农村教育发展与改革,加快推进农村中小学教师队伍建设,加强农村教师和校长的教育培训工作。

(一)实施"新世纪素质教育工程"多渠道、多形式地发展幼儿教育。以就业为导向,大力推动职业教育转变办学模式,大力加强"双师型"教师队伍建设。

(二)实施"高素质教师和管理队伍建设工程"。全面推动教师教育创新,构建开放灵活的教师教育体系。改革教师教育模式,将教师教育逐步纳入高等教育体系,构建以师范大学和其他举办教师教育的高水平大学为先导,专科、本科、研究生三个层次协调发展,职前职后教育相互沟通,学历与非学历教育并举,促进教师专业发展和终身学习的现代教师教育体系。起草《教师教育条例》,制定教师教育机构资质认证标准、课程标准和教师教育质量标准,建立教师教育质量保障制度。完善教师终身学习体系,加快提高教师和管理队伍素质。

(三)实施"全国教师教育网络联盟计划",促进"人网""天网""地网"及其他教育资源优化整合,发挥师范大学和其他举办教师教育高等学校的优势,共建共享优质教师教育课程资源,提高教师培训的质量水平。组织实施以新理念、新课程、新技术和师德教育为重点的新一轮教师全员培训,组织优秀教师高层次研修和骨干教师培训,不断提高在职教师的学历、学位层次和实施素质教育的能力。推行中小学和中等职业学校教职工聘任制度,实行"资格准入、竞争上岗、全员聘任"。大力推进高等学校教师聘任制改革,提高新聘教师学历学位层次。

(四)构建和完善中国特色社会主义现代化教育体系。加强西部地区中小学师资队伍建设,组织实施"大学生志愿服务西部计划",鼓励其他地区的教师和志愿者到西部地区中小学任教和服务。

《教师教育振兴行动计划(2018—2022年)》

目标:经过5年左右努力,办好一批高水平、有特色的教师教育院校和师范类专业,教师培养培训体系基本健全,为我国教师教育的长期可持续发展奠定坚实基础。师德教育显著加强,教师培养培训的内容方式不断优化,教师综合素质、专业化水平和创新能力显著提升,为发展更高质量更加公平的教育提供强有力的师资保障和人才支撑。

落实师德教育新要求,增强师德教育实效性。

提升培养规格层次,夯实国民教育保障基础。

改善教师资源供给,促进教育公平发展。

创新教师教育模式,培养未来卓越教师。

发挥师范院校主体作用,加强教师教育体系建设。

具体行动如下。

(一)师德养成教育全面推进行动。

将师德教育贯穿教师教育全过程,作为师范生培养和教师培训课程的必修模块。培育和践行社会主义核心价值观,引导教师全面落实到教育教学实践中。着力培育师范生的教师职业认同和社会责任感。借助新闻媒体平台,组织开展师范生"师德第一课"系列活动。发掘师德先进典型,弘扬当代教师风采,大力宣传阳光美丽、爱岗敬业、默默奉献的新时代优秀教师形象。

(二)教师培养层次提升行动。

引导支持办好师范类本科专业,加大义务教育阶段学校本科层次教师培养力度。适当增加教育博士专业学位授权点,引导鼓励有关高校扩大教育博士招生规模,面向基础教育、职业教育教师校长,完善教育博士选拔培养方案。办好一批幼儿师范高等专科学校和若干所幼儿师范学院。各地根据学前教育发展的实际需求,扩大专科以上层次幼儿园教师培养规模。支持师范院校扩大特殊教育专业招生规模,加大特殊教育领域教育硕士培养力度。

(三)乡村教师素质提高行动。

各地要以集中连片特困地区县和国家级贫困县为重点,通过公费定向培养、到岗退费等多种方式,为乡村小学培养补充全科教师,为乡村初中培养补充"一专多能"教师,优先满足老少边穷岛等边远贫困地区教师补充需要。推进乡村教师到城镇学校跟岗学习,鼓励引导师范生到乡村学校进行教育实践。"国培计划"集中支持中西部乡村教师校长培训。

(四)师范生生源质量改善行动。

依法保障和提高教师的地位待遇,通过多种方式吸引优质生源报考师范专业。改进完善教育部直属师范大学师范生免费教育政策，将"免费师范生"改称为"公费师范生"，履约任教服务期调整为6年。推进地方积极开展师范生公费教育工作。鼓励高水平综合性大学成立教师教育学院，设立师范类专业，招收学科知识扎实、专业能力突出、具有教育情怀的学生，重点培养教育硕士，适度培养教育博士。建立健全符合教育行业特点的教师招聘办法，畅通优秀师范毕业生就业渠道。

（五）"互联网＋教师教育"创新行动。

充分利用云计算、大数据、虚拟现实、人工智能等新技术，推进教师教育信息化教学服务平台建设和应用，推动以自主、合作、探究为主要特征的教学方式变革。研究制定师范生信息技术应用能力标准，提高师范生信息素养和信息化教学能力。依托全国教师管理信息系统，加强在职教师培训信息化管理，建设教师专业发展"学分银行"。

（六）教师教育改革实验区建设行动。

深入实施"卓越教师培养计划"，建设一流师范院校和一流师范专业，分类推进教师培养模式改革，实施新一周期职业院校教师素质提高计划，引领带动高层次"双师型"教师队伍建设。实施中小学名师名校长领航工程，培养造就一批具有较大社会影响力、能够在基础教育领域发挥示范引领作用的领军人才。

（七）高水平教师教育基地建设行动。

综合考虑区域布局、层次结构、师范生招生规模、校内教师教育资源整合、办学水平等因素，重点建设一批师范教育基地，发挥高水平、有特色教师教育院校的示范引领作用。高校与地方教育行政部门依托优质中小学，开展师范生见习实习、教师跟岗培训和教研教改工作。

（八）教师教育师资队伍优化行动。

推进职业学校、高等学校与大中型企业共建共享师资，建立教师教育师资共同体。

（九）教师教育学科专业建设行动。

建立健全教师教育本专科和研究生培养的学科专业体系。修订《教师教育课程标准》，发布《中小学幼儿园教师培训课程指导标准》。建设公益性教师教育在线学习中心，提供教师教育核心课程资源，供非师范类专业学生及社会人士修习。

（十）教师教育质量保障体系构建行动。

建设全国教师教育基本状态数据库，建立教师培养培训质量监测机制，发布《中国教师教育质量年度报告》。出台《普通高等学校师范类专业认证标准》，启动开展师范类专业认证，将认证结果作为师范类专业准入、质量评价和教师资格认定的重要依据,并向社会公布。将教师培养培训工作纳入评估体系,体现激励导向。

第二步:资料分析。

在《面向21世纪教育振兴行动计划》文件里提及最多的关于教师教育或者教师发展的关键词为:师德;学历提升;新师资的培养质量;优化教师队伍;高校毕业生(包括非师范类)到边远贫困的农村地区任教;高层次创造性人才工程;高校高新技术产业化工程;加强实践教学基地和"双师"型教师队伍建设;"安居工程"。

《2003—2007年教育振兴行动计划》中的关键词基本上延续了《面向21世纪教育振兴行动计划》的理念,但是在个别方面有所深入和明确,如:提高教师的政治和业务水平;大力加强"双师型"教师队伍建设;"全国教师教育网络联盟计划";加强西部地区中小学师资队伍建设。从一个侧面也可以发现,在《面向21世纪教育振兴行动计划》实施一段时间后,国家对于该项行动计划在具体实施过程中的几个方面有所加强。

《教师教育振兴行动计划(2018—2022年)》

(一)师德养成教育全面推进行动。

(二)教师培养层次提升行动。完善教育博士选拔培养方案。

(三)乡村教师素质提高行动。为乡村小学培养补充全科教师,为乡村初中培养补充"一专多能"教师。"国培计划"。

(四)师范生生源质量改善行动。将"免费师范生"改称为"公费师范生",履约任教服务期调整为6年。

(五)"互联网+教师教育"创新行动。提高师范生信息素养和信息化教学能力。

(六)教师教育改革实验区建设行动。"双师型"教师队伍建设。

(七)高水平教师教育基地建设行动。开展师范生见习实习、教师跟岗培训和教研教改工作。

(八)教师教育师资队伍优化行动。

(九)教师教育学科专业建设行动。

(十)教师教育质量保障体系构建行动。

综合上述文件中关于教师发展行动的内容来看,一以贯之的行动理念体现了政府在促进教育发展方面的决心和意图,也说明我国还需要加大力度进行教师教育。根据行动的目的合理性,国家在制定行动计划时,以下几个方面是需要特别注意并采取实际行动。首先是国家政府紧抓不放的"师德建设"。在上述文件中尤其是2018年确切提出了师德养成教

第二章　专业资本视角下对教师专业行动的现场考察

育全面推进行动,将师德教育落实在具体的行动层面。这反映了教师这一职业的特殊性要求和特点。对于育人工作第一线的教师来说,知识的传递并不是工作的全部,教师还担负着一定的文化和道德的传授工作,直接对青少年的成长产生影响,因此师德建设一直占据首要和重要的地位。其次就是与教师待遇提升有关系的行动。该部分行动计划大致分为两个方面。第一个方面是提升教师的业务水平。利用高校的优势理论和科学资源对教师的职后社会化过程予以指导和帮扶,并加强师范教育对于未来教师的职前社会化过程的培养质量,各级各类教师都被纳入其中。第二个方面就是提高教师理论和实践相结合的水平,加大"双师型"教师的培养力度,加强教师教育学科的建设。最后,互联网络资源的利用在上述文件中都有所提及,也都成为行动计划中重要的一条。

上述文件在具体的行动计划中也有较大的区别。这些区别体现在两个方面,第一个是相关概念的完善和合理化。比如说在2018年的文件中,特别提到了师范生生源质量改善行动。将"免费师范生"改称为"公费师范生",履约任教服务期调整为6年。这一名称的改变有助于社会对师范生培养方式的认可,服务年限的调整也使政策的实施更加合理。对于乡村教师素质提高,2018年的行动计划中,提出了为乡村小学培养补充全科教师,为乡村初中培养补充"一专多能"教师,并且明确了"国培计划"在教师振兴行动中的重要作用。在教师质量提升这一方面,2018年文件中特别提到了教师培养层次提升行动,具体举措为进一步完善教育博士选拔培养方案,打开教师业务提升通道。第二个方面,相比较于1998年的教育行动计划,2018年的文件对于某些行动计划的概念提出了深入具体的要求和具体实施方式。如在网络利用上,2018年明确提出了"互联网+教师教育"创新行动,进一步提高师范生信息素养和信息化教学能力。利用教师教育改革实验区建设行动来推动"双师型"教师队伍建设。新的行动计划中最让人瞩目的就是对于教师教育学科专业建设和教师教育质量保障体系构建,这两方面的建设是整个教师教育振兴行动成功的重要保障和先决条件,这是在行动系列计划政策中首次明确提出的。在2018年的行动计划中,行动保障措施主要包括组织领导、经费和专业督导三个方面,这样就使教师教育振兴行动计划的顺利实施形成了稳定的三个保障机制,具体内容如下。

(一)明确责任主体。

要加强组织领导,把振兴教师教育作为全面深化新时代教师队伍建设改革的重大举措列入重要议事日程,切实将计划落到实处。教育行政部门要加强对教师教育工作的统筹管理和指导,发展、改革、财政、人力资源、社会保障、编制等各部门要密切配合,主动履职尽责,共同为教师教育振兴发展营造良好的法治和政策环境。成立国家教师教育咨询专家委员会,为教师教育重大决策提供有力支撑。

(二)加强经费保障。

要加大教师教育财政经费投入力度,提升教师教育保障水平。积极争取社会支持,建立多元化筹资渠道。

(三)开展督导检查。

建立教师教育项目实施情况的跟踪、督导机制。国家有关部门组织开展对教师教育振兴行动计划实施情况的专项督导检查,确保各项政策举措落到实处。按照国家有关规定对先进典型予以表彰奖励,对实施不到位、敷衍塞责的,要追究相关部门负责人的领导责任。

三、结论

通过以上的对比分析可以清晰地发现党中央在新时代的《教师教育振兴行动计划(2018—2022年)》的制定过程中,对于教师教育的目的进行了充分的调研和反思。总结以往行动计划的执行情况并结合当前我国在新时代发展中对于教师的新要求,将行动的具体计划制定得目的性更明确,使教师教育振兴的每一条行动计划都落实在实处。另外,教师教育行动计划保障措施的提出,也使计划的顺利实施更加具有合理性和可操作性。再次对上述文件的时间节点和意义脉络做一个梳理就会发现文件的合理性。第一个文件是我国即将进入21世纪时的教育振兴行动计划,第二个文件是对上一个文件做的适应新发展新要求的进一步调整和要求,时间段是2003年到2007年,第三个文件是我国的社会主义建设进入新时代开篇时,将教师教育作为教育振兴行动计划的核心要素来制定的教师教育振兴行动计划。教师兴则教育兴;教育兴则青年强;青年强则国强的合理化逻辑跃然纸上。三个文件的时间跨越20年,也是我国快速深入发展的20年,在新时代的挑战到来之前,在教育上做好准备,未雨绸缪,是我国在新的挑战来临时立于不败之地的重要保障,也是可持续性科学发展的要求。我国的教育中长期改革和发展规划纲要的时间节点是在2000—2020年。而我国的教师教育振兴行动计划是从2018年持续到2022年。这多出来的两年中我国还会在不断适应这个新时代国家社会发展中对于教师教育发展进行不断调整,制定更加合理的行动计划。总结全文我们看到了国家设计教育振兴行动的目的合理性,即目标明确,又能立足于当前客观环境和国家人民发展的诉求和期望来制定合理的行动目标。

四、结合《关于全面深化新时代教师队伍建设改革的意见》的进一步讨论

2018年1月20日中共中央、国务院印发《关于全面深化新时代教师队伍建设改革的意见》(下文简称《意见》)。该文件是新中国成立以来,党中央牵头发出的第一个面向教师队伍的政策文件。该文件以深入贯彻落实党的十九大精神,造就党和人民满意的高素质专业化创新型教师队伍,落实立德树人根本任务,培养德智体美全面发展的社会主义建设者和接班人,全面提升国民素质和人力资源质量,加快教育现代化,建设教育强国,办好人民满意的教育为出发点。以决胜全面建成小康社会、夺取新时代中国特色社会主义伟大胜利、实现中华民族伟大复兴的中国梦奠定坚实基础为目标。将教师发展提到了一个国家战略层面的高度,并以前所未有的政治高度来促进教师发展,这一政策文件具有非常重要的时代意义。对这一文本进行分析有助于我们把握国家对于教师队伍建设的总体规划和时代特征。

法国社会学家皮埃尔·布迪厄是当代著名思想家。他在对卡尔·马克思关于资本上的唯经济决定论的批判基础上逐步将资本延伸为经济资本、文化资本和社会资本。皮埃尔·布迪厄认为,经济资本是一种物质形式,如金钱、拥有的房屋等。文化资本是皮埃尔·布迪厄思想的重要核心,是指世代相传的文化背景、知识、性情倾向与技能。有以下三种情况或者状态:形体化状态、客观化状态和制度化状态。形体化状态的文化资本会长期存在于人的身心性情之中,如人之人格类型、行为习惯、言谈、仪态和行事风格等。客观化状态的文化资本是以文化商品的形式存在,如赏画、读书等不同的文化商品消费形式,教师付费参与教师教育、国培计划、课程观摩等活动。文化物品本身也同时具备两种意义:物质性的意义以经济资本的形式呈现;象征性的意义是以文化资本的形式特别是形体化状态呈现。教师获得"最美教师"等称号,进而得到社会和权威的认可即是此类。制度化状态文化资本是一种客观存在的形式。能以文凭、制度等形式呈现。最后一类是社会资本,是一种建立于人际网络的资源,是指持久性的社会网络或得到特定社会专业或者权威团体的支持而积累下的社会资本。《意见》中强调鼓励优秀师范院校和优秀大学合作促进教师发展即为此类。

要深入了解本政策文件中对于新时代教师队伍建设,就需要采取文本分析的方法。对政策文本进行分析，主要涉及文本的内容分析。主要从布迪厄的资本角度来分析在该政策文本中体现了国家在新时代的背景下对教师队伍建设改革采取了哪几方面的举措，表达了哪些愿景。

从《意见》的整个文本的阅读理解中我们可以发现其时代背景——"新时代"。这一论断直接指明了当前我国教师队伍建设的新方向和新思路。"新时代"这一概念在2017年10月18日中国共产党第十九次全国代表大会上习近平代表第十八届中央委员会向大会作的报告中共提到了36次，并涉及我国政治、经济、文化、教育等领域的方方面面。在报告中习近平认为经过长期努力，中国特色社会主义进入了新时代，这是我国发展新的历史方位。中国特色社会主义进入新时代，我国社会主要矛盾已经转化为人民日益增长的美好生活需要和不平衡不充分的发展之间的矛盾，有必要加强师德师风建设，培养高素质教师队伍，倡导全社会尊师重教。在这一背景下《意见》的出台，进一步表达了党中央对于教育领域中改革的决心，并直抓教育领域中的关键行动者——教师的发展。《意见》的指导思想，即全面贯彻落实党的十九大精神，以习近平新时代中国特色社会主义思想为指导，紧紧围绕统筹推进"五位一体"总体布局和协调推进"四个全面"战略布局，坚持和加强党的全面领导，坚持以人民为中心的发展思想，坚持全面深化改革，牢固树立新发展理念，全面贯彻党的教育方针，坚持社会主义办学方向，落实立德树人根本任务，遵循教育规律和教师成长发展规律，加强师德师风建设，培养高素质教师队伍，倡导全社会尊师重教，形成优秀人才争相从教、教师人人尽展其才、好教师不断涌现的良好局面。

以社会学中资本的理论视角结合内容分析方法，我们可以更好地对《意见》中的方方面面有更深入的认识，帮助我们更好地理解该政策的深层意义和内涵。

（一）《意见》中关于教师队伍建设的经济资本方面。

在《意见》中党中央对于教师队伍建设在经济资本方面提出了一系列的确切要求。首先对各级各类教师的待遇提升提出了明确的要求。如第21～24条提出在核定中小学教师的绩效工资总量时应统筹考虑当地公务员实际收入水平，确保中小学教师工资平均水平不低于当地公务员平均工资收入水平。

完善中小学教师待遇保障机制。健全中小学教师工资长效联动机制，核定绩效工资总量时统筹考虑当地公务员实际收入水平，确保中小学教师平均工资收入水平不低于或高于当地公务员平均工资收入水平。完善教师收入分配激励机制，有效体现教师工作量和工作绩效，绩效工资分配

第二章 专业资本视角下对教师专业行动的现场考察

向班主任和特殊教育教师倾斜。实行中小学校长职级制的地区,根据实际实施相应的校长收入分配办法。

要认真落实乡村教师特别是艰苦边远地区教师的津贴政策,全面落实特困地区乡村教师的生活补助。将符合条件的教师纳入当地住房保障范围,让乡村教师住有所居。

加强乡村教师周转宿舍建设,按规定将符合条件的教师纳入当地住房保障范围,让乡村教师住有所居。拿出务实举措,帮助乡村青年教师解决困难,关心乡村青年教师工作生活,巩固乡村青年教师队伍。

完善民办学校教师的社会保障机制,依法签订合同,按时足额支付工资并为教师足额缴纳社会保险费和住房公积金。在科研、教龄、工龄和表彰等方面要享有与公办学校教师同等权利。

维护民办学校教师权益。完善学校、个人、政府合理分担的民办学校教师社会保障机制,民办学校应与教师依法签订合同,按时足额支付工资,保障其福利待遇和其他合法权益,并为教师足额缴纳社会保险费和住房公积金。依法保障和落实民办学校教师在业务培训、职务聘任、教龄和工龄计算、表彰奖励、科研立项等方面享有与公办学校教师同等权利。

对于高校教师,要建立以增加知识价值为导向的收入分配机制,扩大高校收入分配的自主权。完善适合高等学校教学岗位特点的内部激励机制,完善并进一步合理制定合适的绩效工资制度。

推进高等学校教师薪酬制度改革。建立体现以增加知识价值为导向的收入分配机制,扩大高等学校收入分配自主权,高等学校在核定的绩效工资总量内自主确定收入分配办法

总之,《意见》中基本上对于各级各类教师的待遇等方面也即经济资本方面做出改革意见。所有的意见和政策建议都以教师发展的角度出发。不但保障教师的合法权力也对合法利益做出了明确规定。经济资本的保障是新时代教师队伍建设改革成功的基础和前提条件。

(二)《意见》中关于教师队伍建设的社会资本方面。

教师的社会资本主要体现在《意见》对促进教师队伍建设过程中社会各个团体之间的相互关系做出了指导和要求。特别是首先明确了教师的社会地位和职业属性,明确教师的重要地位,突显教师职业的公共属性,增强教师的国家使命感并切实践行公共教育服务的职责。在定位中党中央明确了要提高教师的社会地位,也进一步明确了中小学教师作为国家公职人员的特殊法律地位。这样的定位对教师这一职业角色对于国家和人民的重要性进行了合理合法的认定,同时也进一步明确了教师作为重要的社会角色所应该履行的职责、权利和义务。

公办中小学教师要切实履行作为国家公职人员的义务,强化国家责任、政治责任、社会责任和教育责任,明确教师的特别重要地位,突显教师职业的公共属性,强化教师承担的国家使命和公共教育服务的职责,确立公办中小学教师作为国家公职人员特殊的法律地位,明确中小学教师的权利和义务,强化保障和管理。

根据布迪厄的社会资本论述,社会资本是持久性的社会网络,或者是由某特定团体得到的集体支持。因此在《意见》中,对于高等院校对教师队伍建设中所应担负的责任提出了具体要求。加大对师范院校支持力度,实施教师教育振兴行动计划,建立以师范院校为主体、高水平非师范院校参与的中国特色师范教育体系,推进地方政府、高等学校、中小学"三位一体"协同育人,支持高水平综合大学开展教师教育。创造条件,推动一批有基础的高水平综合大学成立教师教育学院,设立师范专业,积极参与基础教育、职业教育教师培养培训工作,提高中小学教师质量,提升教师的学历层次,强化教学基本功和教学技能训练。改革中小学教师的培训内容,要使培训紧密贴合教育教学一线的实际情况,切实让一线教师能够精心钻研教学并提高教学水平。鼓励教师参加国家级培训计划和海外研修访学。全面提高中小学教师质量,建设一支高素质专业化的教师队伍。全面提高幼儿园教师质量,建设一支高素质善保教的教师队伍。全面提高职业院校教师质量,建设一支高素质双师型的教师队伍。全面提高高等学校教师质量,建设一支高素质创新型的教师队伍。这样我们可以发现,在《意见》中勾勒出了一个严密坚实的社会网络来对各级教师提供社会资本的支持。加强师范院校对于师范生的培养力度,鼓励高职教师进行理论和实践的结合发展,促进中小学教师的在职进修和学习。

(三)《意见》中关于教师队伍建设的文化资本方面。

提高教师的文化资本,《意见》中也做出明确的论述。根据布迪厄的资本理论,我们可以从以下三个方面来进行分析。

1. 形体化状态的文化资本

形体化状态的文化资本主要关注教师的行为习惯、言谈、仪态等方面。《意见》中对于教师的师德格外注重。首先是提出了加强教师党员队伍的建设。要增强教师党员的使命感,提高思想政治觉悟,增强理想信念教育,能够形成正确的历史观、民族观、国家观、文化观,坚定中国特色社会主义道路自信、理论自信、制度自信、文化自信,并将其带入到课堂教学活动中去。其次提出要弘扬高尚师德。健全师德建设长效机制,推动师德建设常态化长效化,创新师德教育,完善师德规范,引导广大教师以

第二章 专业资本视角下对教师专业行动的现场考察

德立身、以德立学、以德施教、以德育德,坚持教书与育人相统一、言传与身教相统一、潜心问道与关注社会相统一、学术自由与学术规范相统一,争做"四有"好教师,全心全意做学生锤炼品格、学习知识、创新思维、奉献祖国的引路人。再次是实施师德师风建设工程。开展国家重大题材作品立项,推出一批让人喜闻乐见、能够产生广泛影响、展现教师时代风貌的影视作品和文学作品,发掘师德典型、讲好师德故事,加强引领,注重感召,弘扬楷模,形成强大正能量。最后注重加强对教师思想政治素质、师德师风等的监察监督,强化师德考评,体现奖优罚劣,推行师德考核负面清单制度,建立教师个人信用记录,完善诚信承诺和失信惩戒机制,着力解决师德失范、学术不端等问题。

2. 客观化状态的文化资本

根据布迪厄的文化资本理论,客观化状态的文化资本一般会以文化商品的形式出现。而文化商品具有象征性意义并以形体化状态呈现。《意见》中的第 25 条特别提到了几种客观化状态的文化资本呈现,并注重其象征意义。

如:提升教师社会地位,加大教师表彰力度,大力宣传教师中的"时代楷模"和"最美教师";开展国家级教学名师、国家级教学成果奖评选表彰,重点奖励贡献突出的教学一线教师;做好特级教师评选,发挥引领作用;做好乡村学校从教 30 年教师荣誉证书颁发工作;各地要按照国家有关规定,因地制宜开展多种形式的教师表彰奖励活动,并落实相关优待政策;鼓励社会团体、企事业单位、民间组织对教师出资奖励,开展尊师活动,营造尊师重教良好社会风尚。

3. 制度化状态的文化资本

制度化状态的文化资本是一种客观存在形式,能在教育资历上清楚辨识。深化教师管理综合改革,切实理顺体制机制。从事业编制、教师聘期制、中小学教师准入和招聘、考核评价、职称评定等方面制定合理有效的制度化机制,为教师职业发展改革提供制度化的保障。

落实城乡统一的中小学教职工编制标准,有条件的地方出台公办幼儿园人员配备规范、特殊教育学校教职工编制标准。实行义务教育教师"县管校聘"。实行学区(乡镇)内走教制度,地方政府可根据实际给予相应补贴。完善中小学教师准入和招聘制度。完善教师资格考试政策,逐步将修习教师教育课程、参加教育教学实践作为认定教育教学能力、取得教师资格的必备条件。深化中小学教师职称和考核评价制度改革。进一步完善职称评价标准,建立符合中小学教师岗位特点的考核评价指标体系,坚持德才兼备、全面考核,突出教育教学实绩,引导教师潜心教书育人。加强聘后管理,激发教师的工作活力。完善相关政策,防止形式主义的考核检查干扰正常教学。健全职业院校教师管理制度。根据职业教育特点,有条件的地方研究制定中等职业学校人员配备规范。深化高等学校教师人事制度改革。积极探索实行高等学校人员总量管理。配合外国人永久居留制度改革,健全外籍教师资格认证、服务管理等制度。帮助高等学校青年教师解决住房等困难。推动高等学校教师职称制度改革,将评审权直接下放至高等学校。完善中小学教师待遇保障机制。

《意见》的出台,从资本理论视角来看,党中央在推进教师发展和改革的工作中充分地考虑到了目前我国教师职业在社会资本、经济资本和文化资本三个方面的现状和有待提升的空间。党中央在文件中也鲜明地表明了要从这三类资本的角度对教师职业改革和发展提供保障、支持和要求。并从这三个资本的视角为新时代教师队伍建设改革提供社会力量支持、物质经济支持和文化支持。从以上的分析内容来看,《意见》中对于社会资本的方面主要提出了要大力提升对各级各类教师的师资培养,要求高等院校,特别是师范院校发挥特长,与基础教育深入合作提升师资水平。从教育社会学的视角来看,主要涉及教师职业发展的职前师范教育和职后师范教育。也即加强对教师职业发展中职前社会化的帮扶力度和职后社会化的指导力度。经济资本方面,大力提高教师的待遇依然是该文件反复强调的重要方面。但是《意见》中特别提到了非公职教师的基本待遇的保障问题,这是值得关注的一个焦点。另外对于农村教师的保障住房政策也有涉及。在整个《意见》中贯穿始终的是关于新时代教师队伍建设改革中的文化资本方面。对于教师文化资本方面的提升涉及两个大的方面,其一是提升整个社会对于教师职业的认可度,从合理合法的角度对于教师在社会中的地位有了明确的叙述。另外一方面就是加强教师队伍自身的文化资本建设,特别是师德师风建设。通过一系列的教育发展和教师培训制度以及社会宣传等方式来提升教师的文化资本,其中最重要的就是文化资本中的形体化状态的文化资本建设也即师德教育。从整个文件的论述脉络看来,教师社会资本的提升是教师的文化资本形成的重要保障和渠道,而教师制度化形态的文化资本也构成了对教师师德培养的制度化保障。教师社会地位和社会待遇的提升与教师的师德教育形成了互相影响的正向发展,也即通过一系列的师德宣传提升教师的社会地位,进而促进师德发展,而师德发展也反过来提升了教师的社会地位。因此整个《意见》的核心指向就聚焦于教师发展中的形体化状态文化资本——师德教育。而师德教育的成败也与教师经济资本产生了一定的联系。教师应该有好的待遇,当然《意见》中明确了各级各类教师经济待遇的参照标准。而教师经济资本也即物质待遇的提升也对师德教育产生了正向作用。在《意见》的最后,党中央为全面深化新时代教师队伍建设提出了两个方面的保障措施,其内容极为具体,且与教师振兴行动计划相呼应。

一是强化组织保障。各级党委和政府要满腔热情关心教师,充分信任、紧紧依靠广大教师。要切实加强领导,实行一把手负责制,紧扣广大教师最关心、最直接、最现实的重大问题,找准教师队伍建设的突破口和着力点,坚持发展抓公平、改革抓机制、整体抓质量、安全抓责任、保证抓党建,把教师工作记在心里、扛在肩上、抓在手中,摆上重要议事日程,细化分工,确定路线图、任务书、时间表和责任人。主要负责人和相关责任人要切实做到实事求是、求真务实、善始善终、善作善成,把准方向、敢于担当,亲力亲为、抓实工作。

各省、自治区、直辖市党委常委会每年至少研究一次教师队伍建设工作。建立教师工作联席会议制度,解决教师队伍建设重大问题。相关部门要制定切实提高教师待遇的具体措施。研究修订教师法,统筹现有资源,壮大全国教师工作力量,培育一批专业机构,专门研究教师队伍建设重大问题,为重大决策提供支撑。

二是强化经费保障。各级政府要将教师队伍建设作为教育投入重点予以优先保障,完善支出保障机制,确保党和国家关于教师队伍建设重大决策部署落实到位。优化经费投入结构,优先支持教师队伍建设最薄弱、最紧迫的领域,重点用于按规定提高教师待遇保障、提升教师专业素质能力。加大师范教育投入力度,健全以政府投入为主、多渠道筹集教育经费的体制,充分调动社会力量投入教师队伍建设的积极性。制定严格的经费监管制度,规范经费使用,确保资金使用效益。

第二节 对职前教师专业能力的调查——以一所地方师范院校 L 的英语师范生为例

2019—2020 年,L 大学外国语学院进行了英语专业的师范认证。在 2018—2019 年春季学期期中教学检查期间,研究团队中担任学院督导工作的几位老师,根据英语师范专业应用型转型和专业认证的要求,结合本研究的理论视角对英语专业的师范生的职前专业情况进行了问卷调查。

调查问卷的设计结合了师范专业认证标准、本研究理论视角以及该学院的实际情况编制,并参考了某些师范专业相关的问卷①,通过麦可思系统生成链接和二维码,于 2020 年 5 月 9 日通过辅导员发放给各班学生 QQ 群。我们于 5 月 10 日从麦可思导出结果,数据以表格和柱状图形式体现。最后,我们对数据结果进行分析,从专业认识、专业满意度、职业规划、教师教育与教学能力、双导师活动、教师资格证、学生意见和建议等八个方面,对调查数据进行了分析和讨论。

一、基本情况

在参与调查的 443 名同学中,96.39% 为女生,3.61% 为男生。参与调查的学生中 59.14% 来自乡镇,23.02% 来自县城,仅 17.83% 的学生来自城市,说明本专业学生农村家庭比例较高。参与调查的学生中大一学生占 23.7%,大二学生占 25.73%,大三学生占 26.64%,大四学生占 23.93%。说明数据样本涉及四个年级,各年级人数所占比重也较为平均,调查结果基本能够全面反映出四个年级的客观情况。

(一)专业认识

第一志愿进入本专业的学生数较多,占总人数的 75.4%,第二、三志愿占 18.51%,调剂的学生仅有 2.71%。说明 97.39% 的学生是主动选择本专业的。

89.84% 的学生知晓本专业的培养目标,仅有 2.93% 的学生表示并不知晓。说明本专业有明确的培养目标,并已经明确地传达给学生。建议对不确定和不知晓的 45 名学生,进行个别指导,让每一位学生都明确本专业的培养目标。

根据回答,接受问卷同学绝大多数能够根据本专业的培养目标和课程设置制订自己的大学发展规划;一少部分同学对此不太确定;而极少数同学没有制订自己的大学规划。建议学校针对大学生发展规划方面加以鼓励指导,争取做到每名同学都有自己科学合理的大学发展规划。

有近 82% 的学生知道学校有信息技术教学相关的各类教学资源,说明学校信息技术教学各类资源具有较高的普及性。

---

① 由于该学院师范专业认证工作并未完全结束,在尊重认证领导小组的意见以及研究伦理要求的基础上,对问卷内容进行一定的保密,在此不能全文公开。

第二章　专业资本视角下对教师专业行动的现场考察

（二）专业满意度

在"对本专业教师的师德非常满意"的问题上，除了极少数外，外国语学院的英语师范专业教师的师德表现得到了学生的一致认可，表明我们教师队伍有很高的思想道德水平，这得益于外国语学院多年来的师德规范建设。

接近50%的学生对本专业的教师教学水平非常满意，不满意和完全不满意的仅占1.5%。结果表明，英语专业教师的教学水平得到了学生的认可，这得益于外国语学院一贯严谨的教风。

（三）职业规划

根据大学毕业去向是从事中小学英语教师工作问题的回答，接受问卷同学半数以上大学毕业去向是从事中小学英语教师工作；少于半数同学对此不太确定；而较少数同学毕业后不从事中小学英语教师工作。建议学校加大实习、实践的力度，培养学生对教师工作的热爱与兴趣。

当问及"你大学毕业后最理想的工作地点"时，数据显示，接受问卷同学半数以上比较务实，选择一般城市为理想的工作地点；少于半数同学定位稍高，选择大城市就业；极少数同学选择毕业后到县城工作；而几乎很小比例的同学选择到乡镇工作。这与大部分学生来自农村家庭的情况对比，学生希望通过大学的学习，离开农村，去发达的城市生活和工作。建议在教学与管理工作中对学生加强引导，使其脚踏实地、立足根本。

在问题"如果你大学毕业后从事教师职业，最理想的学校"的回答中，根据回答，接受问卷同学中的60%选择进入中学，其中初中为38%，高中为22%，对比培养方案中的培养初中英语教师的定位，学生的就业意愿比较高，因为有32.7%的学生选择高校为理想的工作单位。建议培养方案的修订应该考虑到学生的就业取向。同时，还要在教学与管理工作中对学生加强引导，根据自己的实际情况，人尽其才，将来在社会上发挥最大的光和热，也做到实现自我的最大价值。

在问及"毕业后是否从教"的问题上，接受问卷同学表示不愿意从教的最主要原因是"限制了发展区域、从经济因素考虑、与原理想职业不符"的，各占到一定的比例；而由于"没有自信具备教师所需素质、不愿按照他人意愿从教"的只占较小的比例。这一结果表明，多数学生对于教师这一职业的认识度还不是很高，建议在教学与管理工作中对学生加强引导，让学生切实地了解教师这一职业的特性，结合自己的实际情况，做出最佳选择。

关于考研,根据回答,接受问卷同学 58.7% 的同学选择考研深造;一定比例的同学选择不确定或不考研。说明大多数同学乐于毕业后深造读研继续学习,以得到更好的工作机会和自我价值的实现,建议在教学与管理工作中对学生加强指导,鼓励学生通过考研提高自己的学业能力和层次,还要引导学生,根据自己的能力、兴趣、家庭状况等实际情况来选择毕业后学术深造还是直接就业。

(四)教师教育与教学能力

50% 左右的学生认为自己的教学技能水平合格,30% 左右的学生认为自己的教学技能水平良好。此外,还有少数学生认为自己的教学技能水平不合格,希望这一小部分学生尽快查漏补缺,夯实基础知识和基本技能,多与老师同学交流,以提高教学技能水平,绝大多数学生在大学期间都参加过家教或者培训机构的教学活动。说明学生比较重视教学实践,建议那些认为自己教学技能比较差的学生多参与实践,在实践中发现不足,从而提高自己的教学技能和综合技能水平。

70% 左右的学生有信心胜任教师职业,11% 左右的学生很有信心。这组数据与学生对教学技能水平的自我评价结果基本一致。因此,教师和学生都应引导学生多参与教学实践,不断提高教学技能水平,提升教师职业信心。

73.36% 的学生上过教育信息技术应用能力培养的课程(课件、微课、网页等设计制作),还有将近 30% 的学生没有上过或者不确定。教育信息技术应用能力是师范生的必备技能,学生应该全部参加该课程的培训。

68.4% 的学生使用过微格教室进行教学技能训练,说明大部分学生能够通过微格教学实践提高教师职业能力。建议微格教室应得到更充分的利用,使全部师范生都能充分地利用这些设施设备进行师范技能训练,达到一个合格的中学英语教师的要求,首岗胜任。

64% 的学生参加过各种校内外社团活动,这些学生比较重视课外实践,由此可以看出,学生在学习专业课之余,积极参加课外活动,有益于学生全面发展。没有参加过社团活动的占 27%,表明这些学生还没有重视课外实践,这对他们以后的职业能力发展不利,应该鼓励他们积极参加各种社团活动。外国语学院也要为学生创造条件,为学生安排与英语师范专业相关和与教师职业能力有关的社团活动。

大约接近 50% 的学生参与过与中小学老师合作进行教学与研究的

第二章　专业资本视角下对教师专业行动的现场考察

活动,表明双导师活动中,学生可以深入中学一线,通过校外导师的指导,了解中学英语的教学情况,对于学生的教师职业能力的提高有一定的影响。其他44%的学生还没有参与到中学教学与研究当中,可能与低年级的双导师活动内容还没有涉及教学部分有关。以上数据如果排除没有参与双导师活动的60个左右的学生,数据结果可能会有变化。数据有待进一步分类处理。

从数据上看,三分之一的学生认为未来的毕业论文会与中小学教育教学研究相关。姑且不论不确定的三分之一,从往届论文选题比例来看,这个比率还是相当高的,表明学生对师范专业有一定的认同感。

在参与调查的443名学生中,有近84%的学生有利用在线教学平台观摩优秀教师上课案例的经历。因此,利用网络在线教学平台学习优秀教师的上课案例已成为一种非常普遍的学习方式,建议在外语学院教师技能类课程中,可以采取线上课程与线下课程相结合的方式进行,发挥微课、慕课等多元化教学资源优势。

有将近82%的学生自主购买或借阅过中小学教育教学的相关书籍。说明大部分同学有很强的自主学习意识,对于未来职业发展有规划意识。

（五）双导师活动

有关"参加双导师活动积极性"问题的调查结果表明,参与双导师活动特别积极学生的比例为27%,比较积极的比例为54.8%,合计为接近82%的学生,这表明学生对双导师活动的参与度较高,他们期待通过双导师活动提高自己的教师职业能力,他们对有关师范教育教学的实践活动感兴趣。

63.43%的学生认为双导师活动收获大,将近27.1%的学生认为收获一般。因此,双导师活动还有很大的改进空间,建议收集学生对于双导师活动中存在的具体问题,并采取相应的措施进行改进。

（六）教师资格证

关于教师资格证的数据显示:有26.41%的学生已经通过教师资格证笔试和面试,16.93%已经通过教师资格证笔试,1.13%已经通过教师资格证面试。50.11%的学生正在准备考试中。说明师范专业学生比较重视教师资格证考试。鉴于通过比例相对较低,建议学院组织教师资格证的相关培训或讲座。

(七)学生意见和建议

最后我们针对本专业的培养目标、课程设置和教师职业能力培养,让学生谈谈个人的意见和建议。

结果显示,大部分同学认为本专业培养目标明确,课程设置合理,大部分教师教学能力强,非常满意。部分同学针对某些问题提出了很好的建议。根据学生的反馈,我们建议在培养方案的修订方面,要认真讨论以下内容。

(1)学生对课外课程还是特别关心的,对课外课程也有比较高的期待,关系到学生考研和进一步发展。应该认真研究并调整课外课程的开设学期、课时、授课内容和方法。

(2)讨论语法课的开设学期。

(3)讨论高年级是否要加强口语教学。

(4)接近90%学生们提出建议最多的是要加强实践环节的训练,多安排试讲,多给学生提供课堂教学实践机会。

(5)多提供教师技能类的培训与活动。

(6)学院增加学生实践机会,尤其是课堂教学实践的机会。

(7)大一的专业课过少,大二课程设置过多,可以适当分散。对于大一和大二的课程设置适当进行调整,相应减少课程。

通过以上分析,我们认为当前的英语专业教学向应用型转型,要根据师范生的基本情况、需求、优势、不足等方面进行全面谋划,对人才培养目标、要求、定位、课程设置、教学大纲等方面进行调整,对教学内容、教学方法、教学手段等方面进行改进,促进师范生的教师职业能力的提高。从问卷中也能够发现,教师职前专业能力的发展是师范生大学四年学习的主要诉求。这其中包含着多人力资本成长的诉求,如:专业知识、技能、对未来教师工作的认识等方面;也有对未来进入工作岗位所需的社会资本的诉求,如:参与教学实践,不仅仅是对课堂教学,还有对教师工作方方面面的熟悉;以及对文化资本获取的诉求,如:学历提升,从业资格证获取等具有专业辨识度和认可度的符号资本的获取。

(八)具体数据分析及结果呈现

(1)性别比例(样本数=443,见图2-1)。

第二章 专业资本视角下对教师专业行动的现场考察

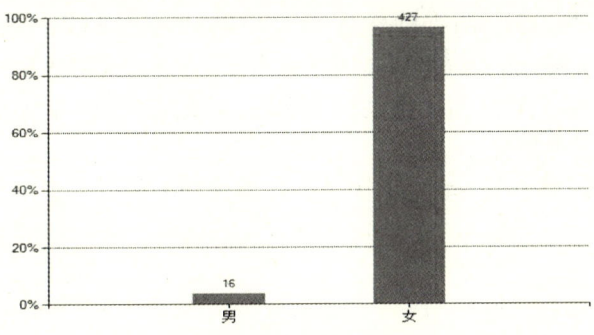

图 2-1　性别比例

数据显示：在参与调查的 443 名同学中，96.39% 为女生，3.61% 为男生。

（2）家庭背景（见图 2-2）。

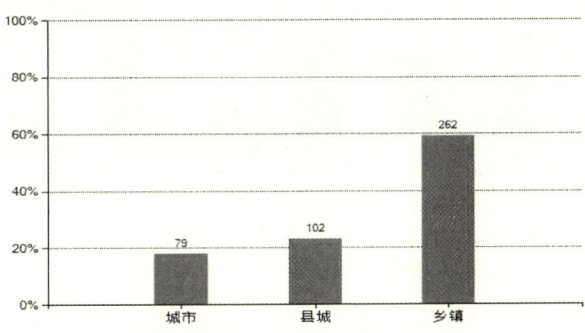

图 2-2　家庭背景

数据显示：参与调查的学生中 59.14% 来自乡镇，23.02% 来自县城，仅 17.83% 的学生来自城市。说明本专业学生农村家庭比例较高。

（3）年级（样本数 =443，见图 2-3）。

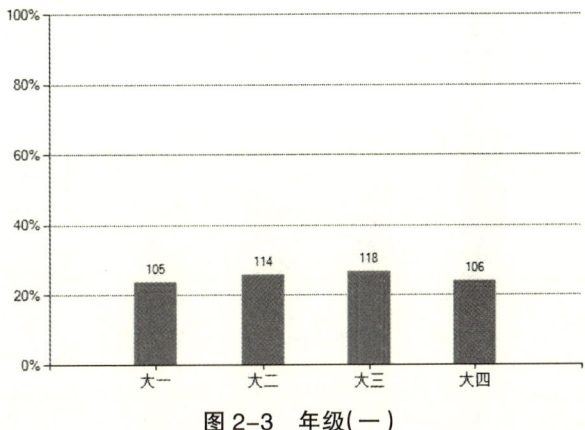

图 2-3　年级（一）

数据表明：参与调查的学生中大一的同学占 23.7%，大二学生占 25.73%，大三学生占 26.64%，大四学生占 23.93%。说明数据样本涉及四个年级，各年级人数所占比重也较为平均，调查结果基本能够全面反映出四个年级的客观情况。

（4）年级（样本数 =443，见图 2-4）(单选题)。

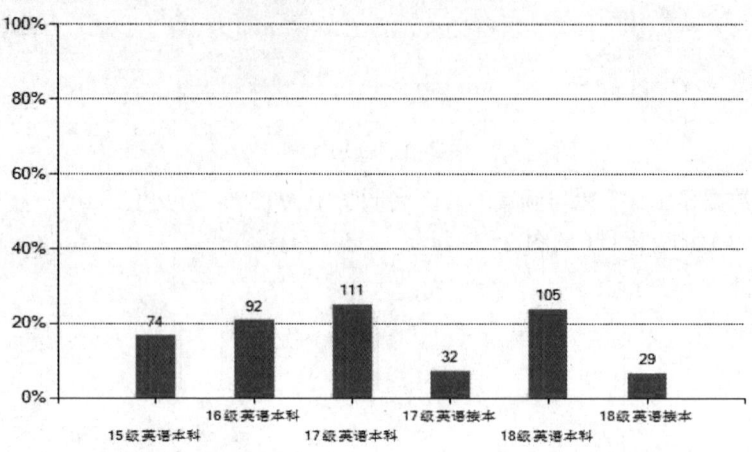

图 2-4　年级（二）

（5）高考后进入本专业的方式（样本数 =443，见图 2-5）。

数据表明：第一志愿进入本专业的学生数较多，占总人数的 75.4%，第二、三志愿占 18.51%，调剂的学生仅有 2.71%。说明 97.39% 的学生是主动选择本专业的。

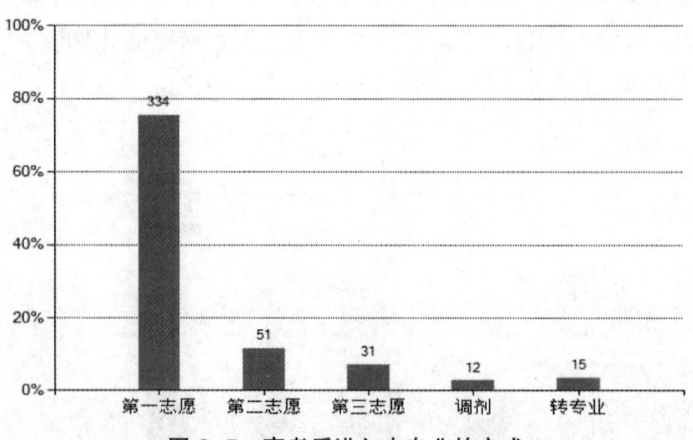

图 2-5　高考后进入本专业的方式

（6）是否知晓本专业的培养目标（样本数=443，见图2-6）（单选题）。

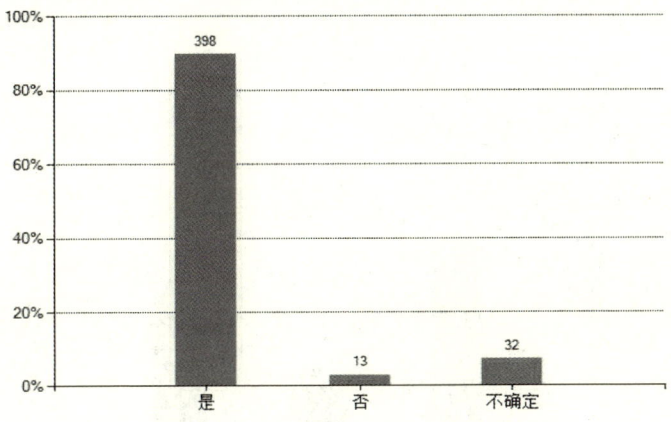

图2-6　是否知晓本专业的培养目标

数据说明：89.84%的学生知晓本专业的培养目标，仅有2.93%的学生明确表示并不知晓。说明本专业有明确的培养目标，并已经明确地传达给学生。建议对不确定和不知晓的45位同学进行个别指导，让每一位学生都明确本专业的培养目标。

（7）是否根据本专业的培养目标和课程设置，制订自己的大学发展规划（样本数=443，见图2-7）（单选题）。

数据描述及建议：根据回答，接受问卷同学绝大多数能够根据本专业的培养目标和课程设置，制订自己的大学发展规划；一少部分同学对此不太确定；而极少数同学没有制订自己的大学规划。建议学校针对大学生发展规划方面加以鼓励指导，争取做到每名同学都有自己科学合理的大学发展规划。

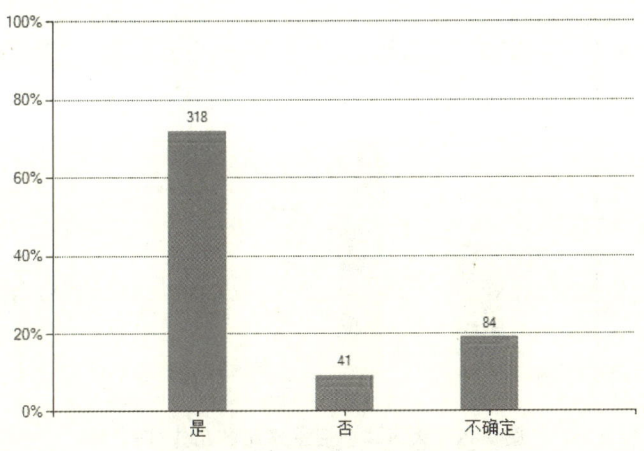

图2-7　是否制订大学发展规划

（8）毕业后是否从事中小学英语教师工作（样本数=443，见图2-8）（单选题）。

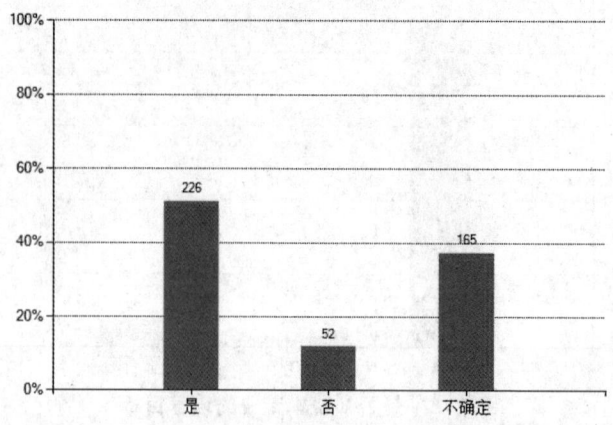

图2-8　毕业后是否从事中小学英语教师工作

数据描述及建议：根据回答，接受问卷同学半数以上大学毕业去向是从事中小学英语教师工作；少于半数同学对此不太确定；而较少数同学毕业后不从事中小学英语教师工作。建议学校加大实习、实践的力度，培养学生对教师工作的热爱与兴趣。

（9）大学毕业后最理想的工作地点（样本数=443，见图2-9）（单选题）。

数据描述及建议：根据回答，接受问卷同学半数以上比较务实，选择一般城市为理想的工作地点；少于半数同学定位稍高，选择大城市就业；极少数同学选择毕业后到县城工作；而几乎很小比例的同学选择到乡镇工作。建议在教学与管理工作中对学生加强引导，使其脚踏实地、立足根本。

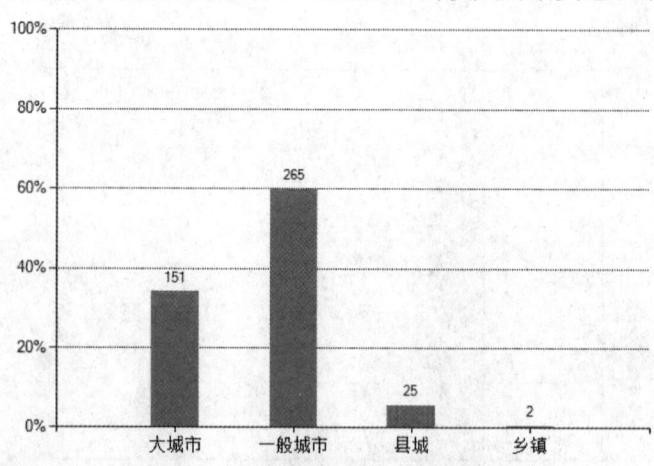

图2-9　大学毕业后最理想的工作地点

（10）如果大学毕业后从事教师职业,最理想的学校(样本数=443,见图2-10)(单选题)。

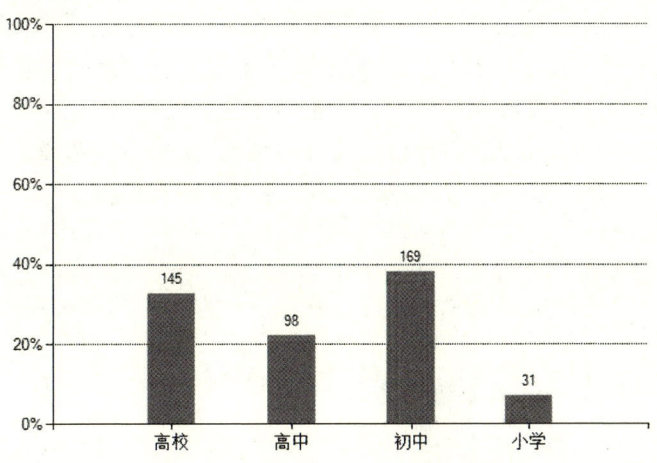

图2-10 从事教师职业最理想的学校

数据描述及建议：根据回答,接受问卷同学中的60%选择进入中学,其中初中为38%,高中为22%,对比培养方案中的培养初中英语教师的定位,学生的就业意愿比较高,因为有32.7%的学生选择高校为理想的工作单位;一少部分于同学选择高中;极少同学选择到小学任教。建议在教学与管理工作中对学生加强引导,根据自己的实际情况,人尽其才,将来在社会上发挥最大的光和热,也做到实现自我的最大价值。

（11）不愿意从教的主要原因(样本数=443,见图2-11)(单选题)。

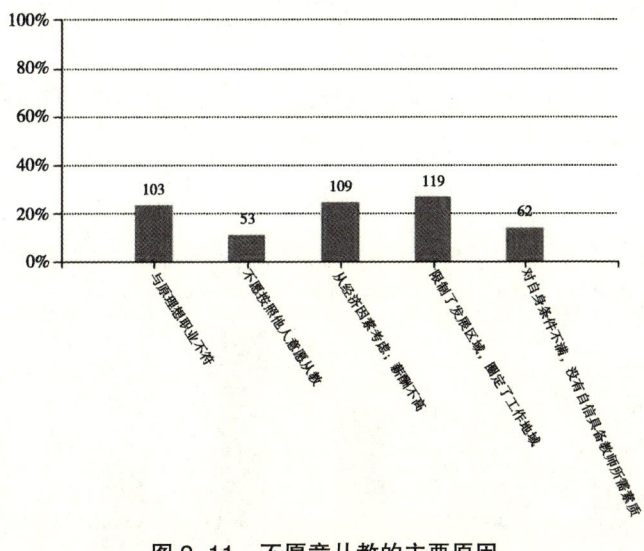

图2-11 不愿意从教的主要原因

数据描述及建议：根据回答，接受问卷同学表示不愿意从教的最主要原因是"限制了发展区域、从经济因素考虑、与原理想职业不符"的，各占到一定的比例；而由于"没有自信具备教师所需素质、不愿按照他人意愿从教"的只占较小的比例。说明多数学生对于教师这一职业的认识度还不是很高，建议在教学与管理工作中对学生加强引导，让学生切实地了解教师这一职业的特性，结合自己的实际情况，做出最佳选择。

（12）考研情况（样本数=443，见图2-12）（单选题）。

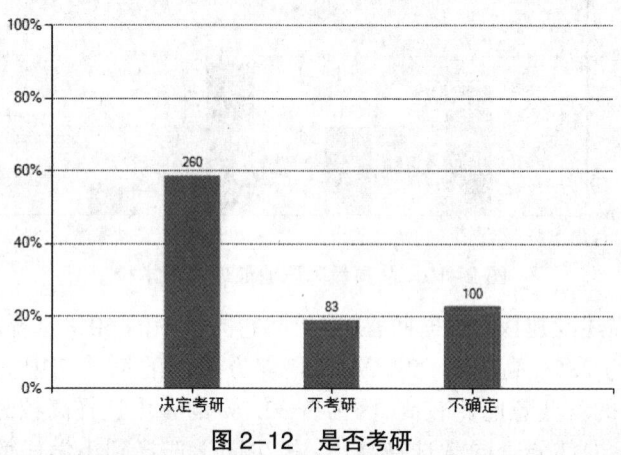

图 2-12　是否考研

数据描述及建议：根据回答，接受问卷同学超过半数选择考研深造；一定比例的同学选择不确定或不考研。说明大多数同学乐于毕业后深造读研继续学习以得到更好的工作机会和自我价值的实现，建议在教学与管理工作中对学生加强引导，一定要切合自己的兴趣、家庭状况等实际情况来选择毕业后学术深造还是直接就业。

（13）自己当前的教学技能水平（样本数=443，见图2-13）（单选题）。

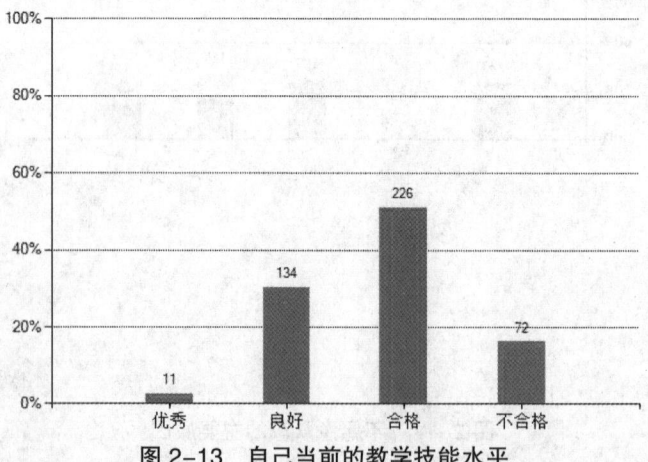

图 2-13　自己当前的教学技能水平

数据表明：50%左右的学生认为自己的教学技能水平合格，30%左右的学生认为自己的教学技能水平良好。此外，还有少数学生认为自己的教学技能水平不合格，希望这一小部分学生尽快查漏补缺，夯实基础知识和基本技能，多与老师同学交流，以此提高教学技能水平。

（14）是否自主参加过家教或机构辅导等活动（样本数=443，见图2-14）（单选题）。

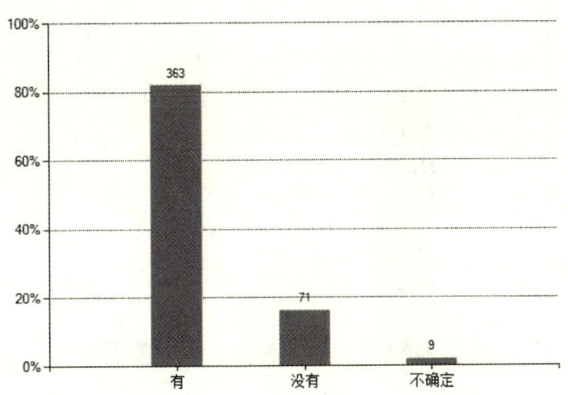

图2-14　是否自主参加过家教或机构辅导等活动

数据表明：绝大多数学生在大学期间都参加过家教或者培训机构的教学活动，说明学生比较重视教学实践。建议那些认为自己教学技能比较差的学生多参与实践，在实践中发现不足，从而提高自己的教学技能和综合技能水平。

（15）通过大学的学习，你是否有信心胜任教师职业（样本数=443，见图2-15）（单选题）。

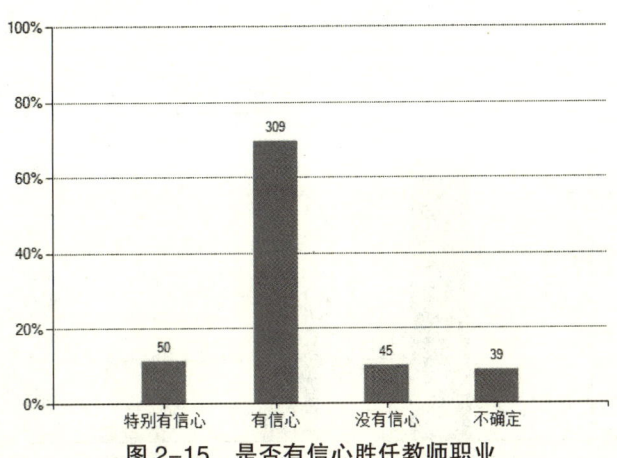

图2-15　是否有信心胜任教师职业

数据表明：70%左右的学生有信心胜任教师职业。11%左右的学生很有信心。这组数据与学生对教学技能水平的自我评价结果基本一致。因此,教师和学生都应引导学生多参与教学实践,不断提高教学技能水平,提升教师职业信心。

(16)目前为止是否上过教育信息技术应用能力培养的课程(课件、微课、网页等设计制作)(样本数=443,见图2-16)(单选题)。

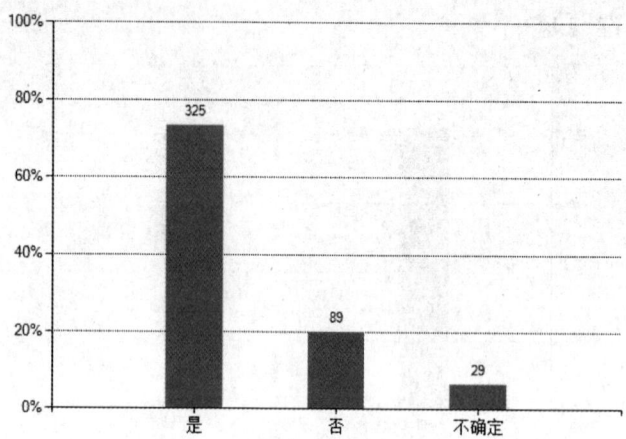

图 2-16　是否上过教育信息技术应用能力培养的课程

数据表明:73.36%的学生上过教育信息技术应用能力培养的课程(课件、微课、网页等设计制作),还有将近30%的学生没有上过或者不确定。教育信息技术应用能力是师范生的必备技能,学生应该全部参加该课程的培训。

(17)是否使用过微格教室进行教学技能训练(样本数=443,见图2-17)(单选题)。

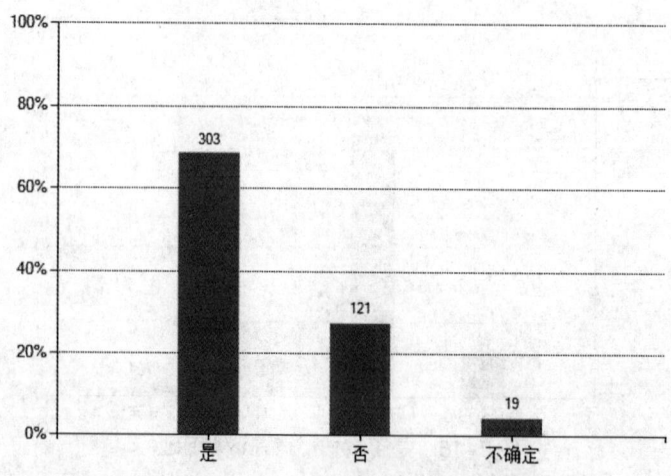

图 2-17　是否使用过微格教室进行教学技能训练

数据表明：68.4%的学生使用过微格教室进行教学技能训练，说明大部分学生能够通过微格教学实践提高教师职业能力。建议微格教室应得到充分利用。

（18）是否参加过校内外各种社团活动(样本数=443，见图2-18)（单选题）。

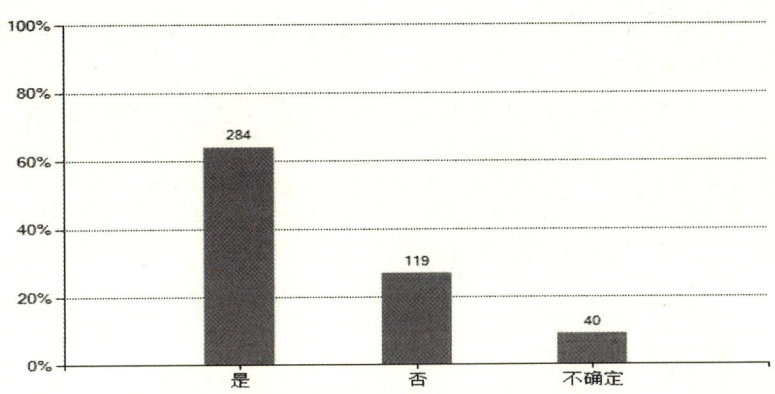

图2-18　是否参加过校内外各种社团活动

数据显示，64%的学生参加过各种校内外社团活动，这些学生比较重视课外实践。没有参加过社团活动的占27%，表明这些学生还没有重视课外实践，这对他们以后的职业能力发展不利，应该鼓励他们积极参加各种社团活动。外国语学院也要为学生创造条件，为学生安排与英语师范专业、教师职业能力有关的社团活动。

（19）是否参与过与中小学老师合作进行的教学与研究活动(样本数=443，见图2-19)（单选题）。

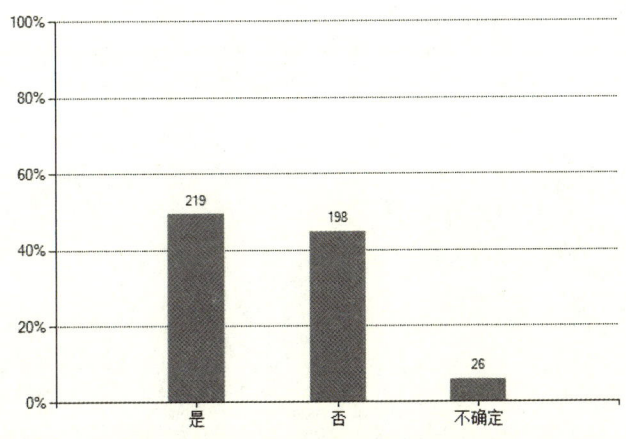

图2-19　是否参与过与中小学老师合作进行的教学与研究活动

数据显示,大约接近50%的学生参与过与中小学老师合作教学与研究的活动,表明双导师活动中,学生可以深入中学一线,通过校外导师的指导,了解中学英语的教学情况,对于学生的教师职业能力的提高有一定的影响。其他44%的学生还没有参与到中学教学与研究当中,可能包括低年级的双导师活动内容还没有涉及教学部分。以上数据如果排除没有参与双导师活动的六十个左右的学生,数据结果可能会有变化。数据有待进一步分类处理。

（20）未来的毕业论文是否会与中小学教育教学研究相关(样本数=443,见图2-20)(单选题)。

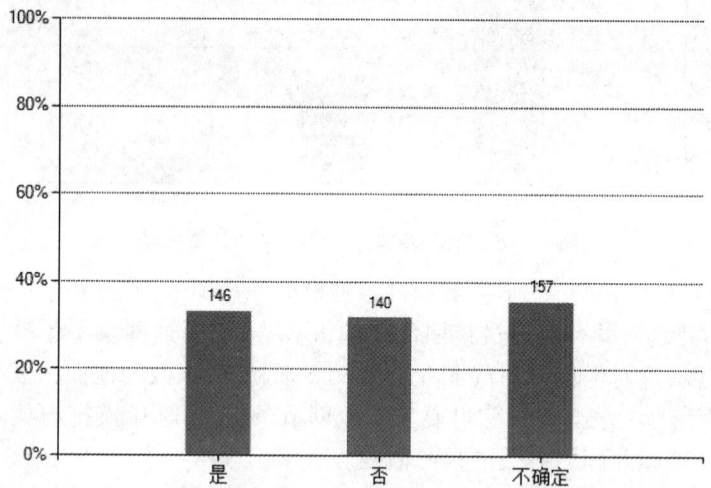

图2-20　未来的毕业论文是否会与中小学教育教学研究相关

从数据上看,三分之一的学生认为未来的毕业论文会与中小学教育教学研究相关。姑且不论不确定的三分之一部分,从往届论文选题比例来看,这个比率还是相当高的,表明学生对师范专业有一定的认同感。

（21）对本专业教师的师德是否非常满意(样本数=443,图2-21)(单选题)。

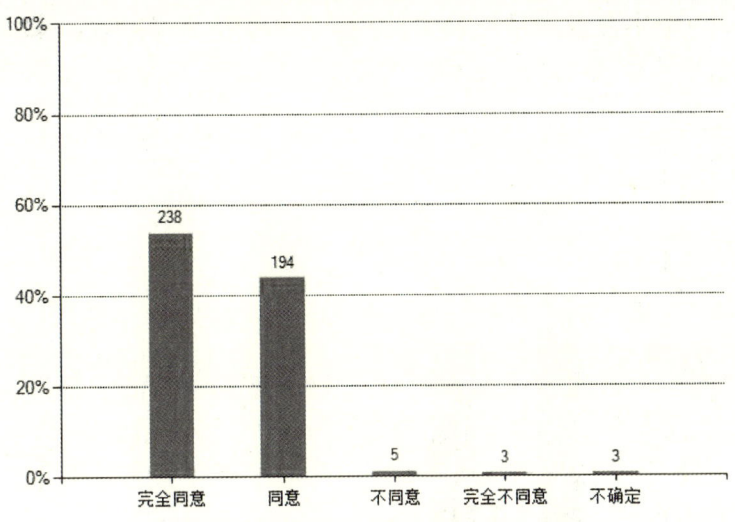

图 2-21　对本专业教师的师德非常满意

数据显示,除了极少数外,外国语学院的英语师范专业教师的师德表现得到了学生的一致认可,表明我们教师队伍有很高的思想道德水平,这得益于外国语学院多年来的师德规范建设。

（22）参加双导师活动的积极性(样本数=443,见图2-22)(单选题)。

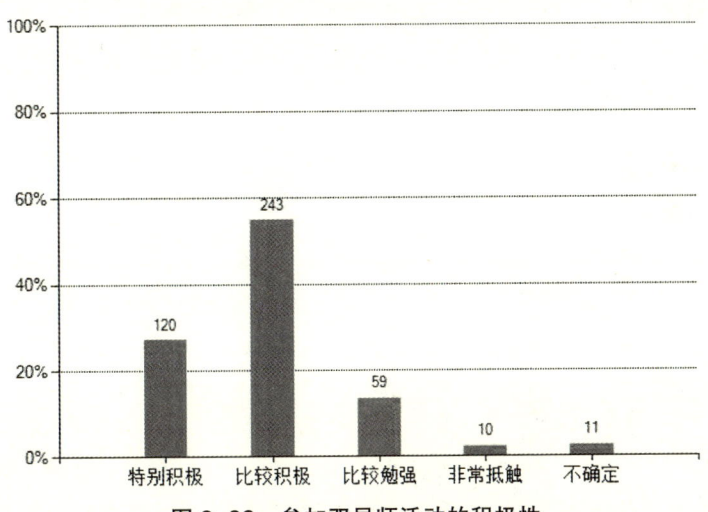

图 2-22　参加双导师活动的积极性

数据显示,参与双导师活动特别积极学生的比例为27%,比较积极学生的比例为54.8%。合计为接近82%的学生,这表明学生对双导师活动的参与度较高,他们期待通过双导师活动提高自己的教师职业能力,他们对有关师范教育教学的实践活动感兴趣。

（23）对本专业教师的教学水平是否非常满意（样本数=443，见图2-23）（单选题）。

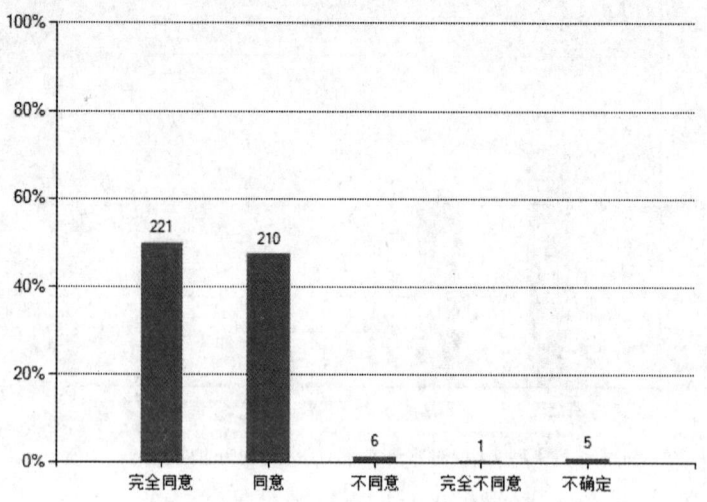

图2-23　对本专业教师的教学水平非常满意

数据显示，接近50%的学生对本专业的教师教学水平非常满意，不满意和完全不满意的仅占1.5%。结果表明，英语专业教师的教学水平得到了学生的认可，这得益于外国语学院一贯严谨的教风。

（24）是否曾利用微格教学系统进行师范生技能训练（样本数=443，见图2-24）（单选题）。

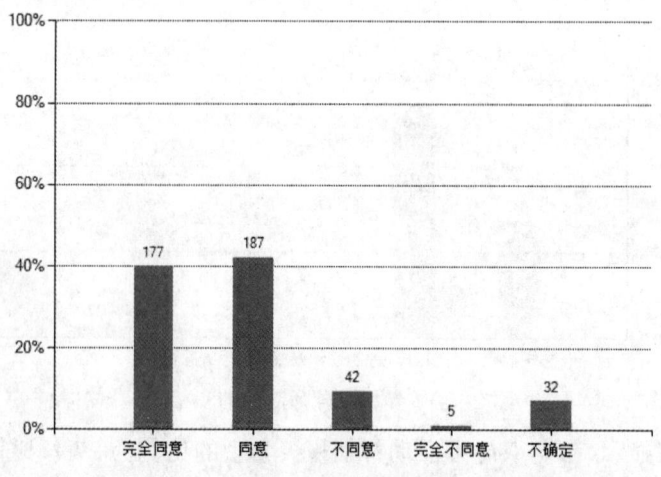

图2-24　曾利用微格教学系统进行师范生技能训练

关于微格教学训练的有效性，完全同意和同意的总和达到了82.2%，这得益于在教师职业能力训练中进行的双导师校内强化训练，以及英语教学技能课程的训练。这两种教师职业能力主要的特点是与中小学英语教学紧密结合,突出实践训练,极大地提高了学生的备、说、讲、评等英语教师职业能力。

(25)是否有利用在线教学平台观摩优秀教师上课案例的经历(样本数=443,见图2-25)(单选题)。

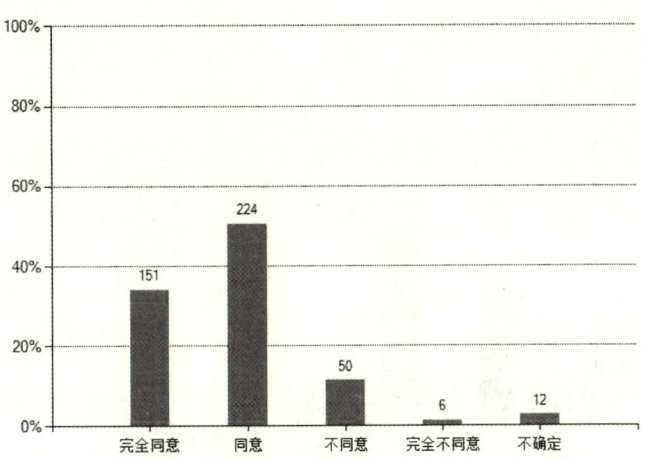

图2-25　有利用在线教学平台观摩优秀教师上课案例的经历

数据显示:在参与调查的443名学生中,有近84%的学生有利用在线教学平台观摩优秀教师上课案例的经历。因此,利用网络在线教学平台学习优秀教师的上课案例已成为一种非常普遍的学习方式,建议在外语学院教师技能类课程中,可以采取线上课程与线下课程相结合的方式进行,发挥微课、慕课等多元化教学资源优势。

(26)双导师活动的收获(样本数=443,见图2-26)(单选题)。

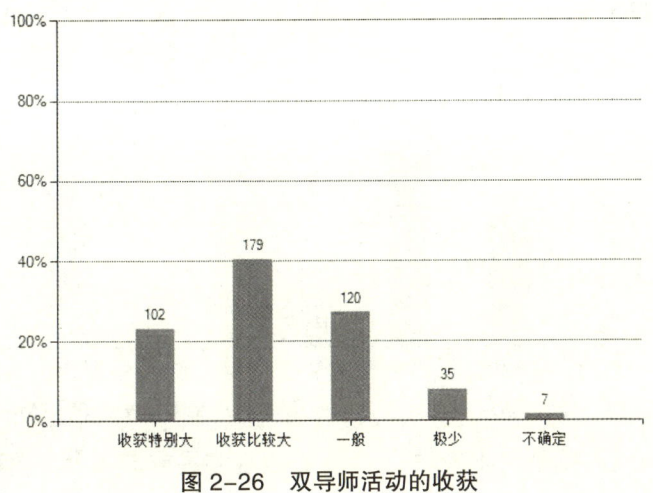

图2-26　双导师活动的收获

数据显示：63.43%的学生认为双导师活动收获大，将近27.1%的学生认为收获一般。因此，双导师活动还有很大的改进空间，建议收集学生对于双导师活动中存在的具体问题，并采取相应的措施进行改进。

（27）是否知道学校有信息技术教学相关的各类教学资源（样本数=443，见图2-27）（单选题）。

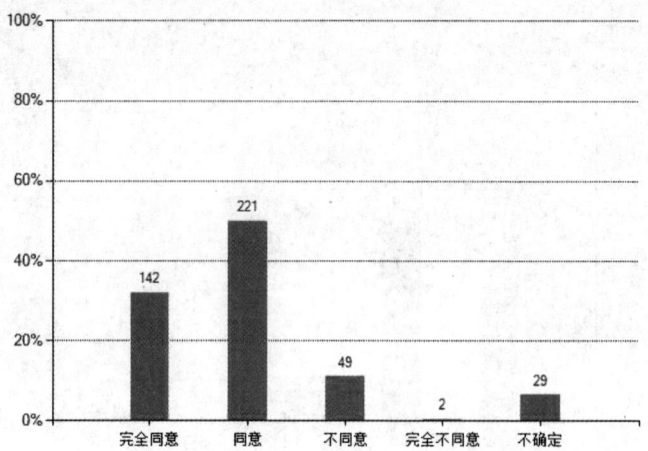

图2-27 知道学校有信息技术教学相关的各类教学资源

数据显示：有近82%的学生知道学校有与信息技术教学相关的各类教学资源，说明学校信息技术教学各类资源具有较高的普及性。

（28）是否曾经自购、上网或到图书馆借阅中小学教育教学的相关书籍（样本数=443，见图2-28）（单选题）。

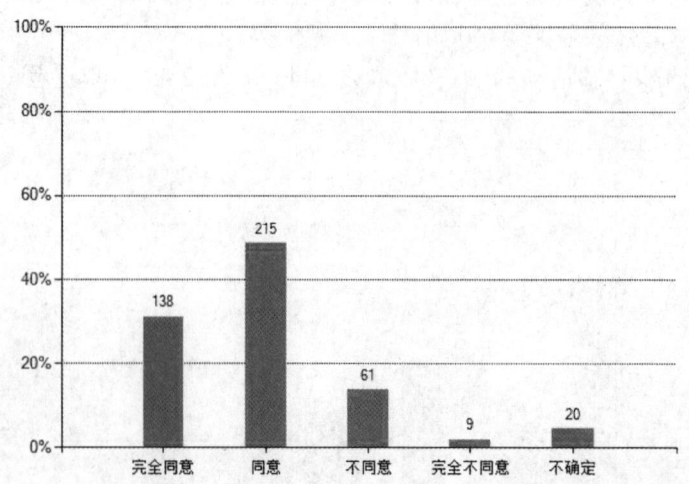

图2-28 曾经自购、上网或到图书馆借阅中小学教育教学的相关书籍

数据显示：有将近82%的学生曾经自主购买或借阅中小学教育教学

的相关书籍。说明大部分同学有很强的自主学习意识,对于未来职业发展有规划意识。

(29)关于教师资格证考试(样本数=443,见图2-29)(单选题)。

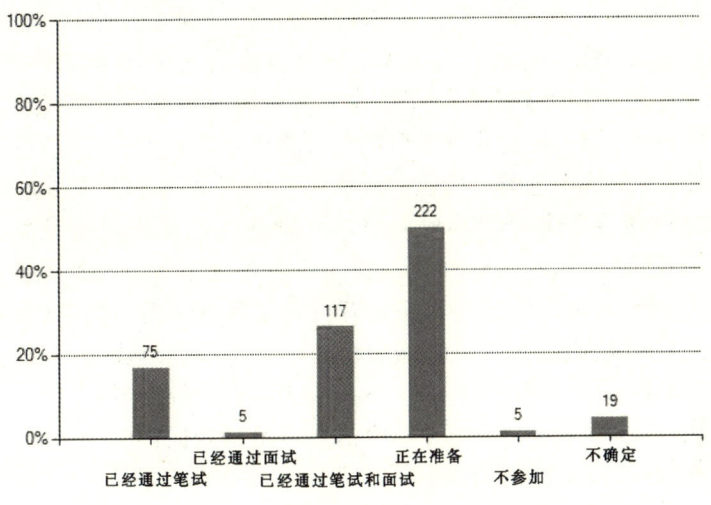

图2-29 参加教师资格证考试的情况

数据显示:有26.41%的学生已经通过教师资格证笔试和面试,16.93%已经通过教师资格证笔试,1.13%已经通过教师资格证面试。50.11%的学生正在准备考试中。说明师范专业学生比较重视教师资格证考试。鉴于面试通过比例相对较低,建议学院组织教师资格证面试的相关培训或讲座。

第三节 基于知识图谱的师范生职前专业发展研究分析

英语师范生培养一直是英语专业本科教学活动中备受关注的话题之一。这不仅是社会发展对基础英语教育工作者的需求,也是高师院校提高人才培养质量的重要前提和保障。进入新世纪以后,我国政府和各级教育机构意识到,以学科知识传授为主要人才培养方式的师范教育已经不能适应不断发展的社会需求。我们的基础教育质量要想提高就必须对师范生培养中进行改革。早在2000年3月教育部批准实施的《高等学校英语专业英语教学大纲》中对我国高等学校英语专业人才培养目标做出了明确要求,要求培养"具有扎实的英语语言基础和广博的文化知识并能熟练地运用英语在外事、教育、经贸、文化、科技、军事等部门从事翻译、教学、管理、研究等工作的复合型英语人才。并要求这些人才应具有扎实的基本功、宽广的知识面、一定的相关专业知识、较强的能力和较高的素质等"。2015年教育部对教师资格证考试实施了改革,教师资格证认证采用全国统一考试。师范生和非师范生统一要求参加教育部组织的教师资格认证考试,理论和实践两个部分合格后才颁发相应学段的教师资格证。这些改革都充分体现了国家和各级教育机构对于师范生实践能力发展的重视,切实提高我国基础教育师资水平的决心。与此同时,我国各个高校,尤其是师范类高校也展开了关于师范生培养的相关课题研究。一系列的改革在不断推动高师院校对于师范生的培养进行反思、改革。作为高校英语师范教育领域的研究者,必须对近年来高校英语师范生研究的热点话题以及发展脉络和趋势有直观系统的了解,这样才有助于研究者提高科研敏感性并及时对该话题的研究发展进行反思,以便更好地开展相关话题研究。在此基础上,本文提出两个研究问题:

自2000年以来英语师范生研究的发展情况如何?

自2000年以来英语师范生研究具有什么样的特点?

本文以信息可视化软件CiteSpace V为研究工具,以中国知网文献为主要研究对象,对英语师范生研究进行可视化分析。通过对2000—2017年间国内英语师范生研究的热点、发展脉络及其特点进行梳理,进而回答上述两个研究问题。通过反思,以明晰该研究话题的发展趋势和特点,为进一步的相关研究提供借鉴。

一、研究方法

(一)研究工具介绍

本研究使用CiteSpace V作为主要研究工具,并辅以中国知网(CNKI)可视化分析功能。CiteSpace又叫引文空间,是在科学计量学、数据可视化背景下逐渐发展起来的一款引文可视化分析软件。该软件通过可视化的手段来呈现科学知识的结构、规律和分布情况,其通过数据分析而呈现出来的可视化图形也被称为"科学知识图谱"(陈悦、陈超美、胡志刚、王贤文等,2014)。CiteSpace能够有效地帮助读者更好地理解所从事的研究领域,它既能够展示某个研究领域的整体状况,也能够突出显示其在该领域发展。

第二章 专业资本视角下对教师专业行动的现场考察

（二）数据采集

本研究以中国知网（CNKI）数据库为主要文献数据来源。在高级检索中以主题词"英语师范生"来对 2000 年 1 月 1 日至 2017 年 12 月 31 日的文献进行检索，类型不限。共检索出 382 条相关文献记录，文献信息包括文献类别、作者、作者所在机构、标题、期刊、发表年份、关键词、摘要等信息。在删除掉一篇补充公告后，保留有效文献 381 篇。用 CNKI 的导出功能导出适合 CiteSpace V 分析用的 Refworks 格式文件。用 CiteSpace V 中的数据转换功能 Data 将所收集文献转换为 CiteSpace V 可分析格式。然后运用 CiteSpace V 对 381 条文献数据进行研究关键词频和研究热点分析，设置时间跨度为 2000—2017 年，分析时间切片（Years per Slice）为一年，文本处理（Text Processing）中语段来源（Term Source）选择标题（Title）、摘要（Abstract）、作者关键词（Author Keywords）和附加关键词（Keywords Plus）。数据节点分析维度选用关键词（Keyword）。并结合 CiteSpace V 中的 Timeline 功能对文献数据进行关键词历时发展分析，得出相关文献研究热点知识图谱和研究关键词历时发展知识图谱。

二、英语师范生研究的文献数据分析

（一）英语师范生研究热点分析

研究热点一般可以清晰地表现出一个研究方向中最为核心的研究主题，对某一研究主题进行热点分析，可以直观有效地反映该研究方向中的主流研究内容并揭示其演变过程。通过以英语师范生为关键词进行热点分析，能够有效地帮助我们把握英语师范生研究自 2000—2017 年间的研究发展脉络和研究特点。本文利用 CiteSpace V 中的关键词共现可视化图谱分析功能，对所收集的 381 条英语师范生研究文献进行分析后得到关键词可视化结果图（图 2-30）。在可视化结果图中我们共得到 59 个热点，107 条连接线。其中与英语师范生研究密切相关的重要研究热点有四个，分别为 #1 教育实习、#2 英语、#3 顶岗实习、#4 新课程标准。

为了全面表现英语师范生的研究热点分布情况，并对该文献图作更详细的展示，笔者利用 CiteSpace V 将研究相关高频关键词列表导出并按年份分类（表 2-1）。

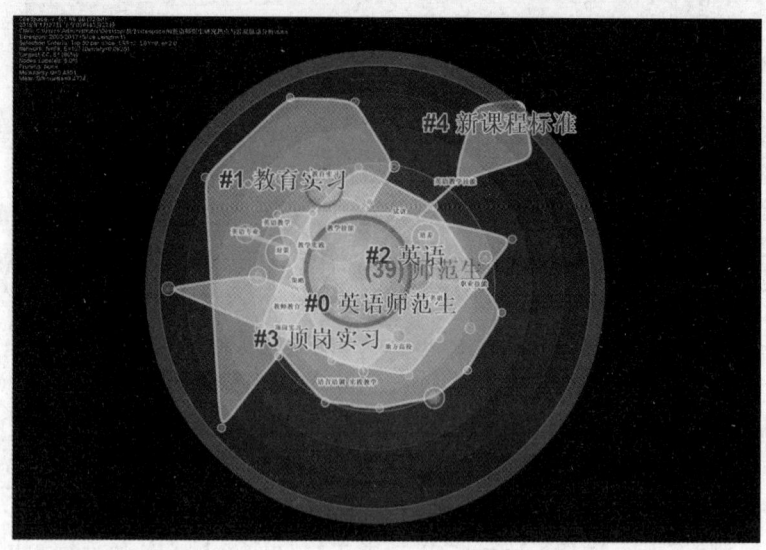

图 2-30　2000—2017 年英语师范生研究关键词共现知识图谱

表 2-1　2000—2017 年英语师范生研究相关高频关键词列表

年	关键词（频次）
2005	英语教学法（7）课程目标（2）
2006	英语师范生（168）
2008	师范生（39）
2009	教学技能（24）教育实习（13）实习生（3）师范教育（2）
2010	对策（12）英语（9）职前教育（2）高师英语师范生（2）英语教师（2）
2011	培养（10）培养模式（9）教学实践（4）比较（2）
2012	微格教学（8）英语教学技能（4）高师院校（3）新课程标准（2）专业课程（2）立体模式（2）
2013	英语专业（6）教师信念（6）职前英语教师（4）教师职业技能（4）问题（4）现状（2）学科教学知识（2）策略（2）试讲（2）教师教育（2）
2014	Tpack 整合技术的学科教学知识（2）英语专业师范生（2）语音语调（2）新升本院校（2）训练体系（2）
2015	教学能力（11）地方高校（4）改革（4）教师知识（3）实践教学（3）教案（2）实习（2）顶岗实习（2）课堂教学技能（2）职业技能（2）
2016	身份认同（2）教师专业发展（2）师范专业（2）自主学习能力（2）综合英语（2）必要性（2）小学教师专业标准（2）反思能力（2）互动式反思模式（2）
2017	英语教学（2）英语师范专业（2）

注：表格内关键词后面的括号中为该关键词在英语师范生研究中的出现频数。

第二章　专业资本视角下对教师专业行动的现场考察

对图 2-30 和表 2-1 中的相关数据进行分析,笔者将 2000—2017 年英语师范生的研究发展情况进行了梳理。首先 2000—2004 年英语师范生的研究基本上没有形成研究热点,其中 2000 年和 2002 年没有相关研究发表。2001 年和 2003 年各有 1 篇研究文献发表,2004 年和 2007 年分别有 2 篇和 8 篇相关文献发表,但均未形成当年度的关键词研究热点。据此我们可以发现 CiteSpace V 在进行热点分析时,一般会以当年度研究文章关键词的出现频率作为运算依据,而 2 篇及以上的文献关键词同年度共现则是该软件的热点分析依据。2005 年的突出研究热点为英语教学法,2006 年为英语师范生,2008 年为师范生,2009 年为教学技能和教育实习,2010 年为对策及英语,2011 年为培养模式,2012 年为微格教学、教学技能、高师院校和新课程标准,2013 年为英语专业、教师信念、职前英语教师和教师职业技能,2014 年研究热点较为平均,2015 年为教学能力、地方高校和改革,2016 年研究热点较为多样但是频率较为平均,2017 年研究热点则只有 2 个频率,也较少,主要是英语学科教学。

从以上数据中我们可以发现自 2000 年以来英语师范生研究的发展特点。首先,在 2009 年之前,英语师范生的相关研究并不够具体,也不具有明显的专业发展针对性,研究中的关键词以师范生、英语师范生、英语教学法居多。未被 CiteSpace V 列出热点的年份如:2001 年"反思模式与英语师范生职业能力的培养"一文主要描述了反思模式运用于英语师范生职业能力的培养;2003 年的"英语师范专业语音课的重要性及教学方法";2004 年的"英语师范生试讲中的理论探讨"和"对英语专业师范教育课程体系建构的思考";2007 年的"高职高专英语师范生专业化发展问题探讨""反思性教学与英语师范生培养""高职英语师范生试讲评价量化办法初探""非英语师范生英语课堂教学现状及对策"等文章。

其次,2009 年之后研究热点较多地体现在师范生的教学技能、教学能力、实习、教师专业发展、职业技能、职前培养等方面。这体现了对于英语师范生的研究从理论转向实践研究,开始关注师范生的实践能力培养。这一研究热点的转变在 2009—2011 年尤为突出,在这 3 年间英语师范生研究热点分别为 2009 年的教学技能和实习,2010 年的对策,2011 年的培养模式和教学实践。2010 年发布的《国家中长期教育改革和发展规划纲要(2010—2020 年)》中明确对高等教育提出要求:"教师要把教学作为首要任务,不断提高教育教学水平;加强实验室、校内外实习基地、课程教材等教学基本建设。"2011 年底,我国教育部首次颁布的《教师教育标准》和《教师专业标准(试行)》中明确体现了国家对于教育教学的重视提升到了更高的层面,并且对教师提出了更高的要求,推动师范生教育的改革发展。因此这一阶段的研究热点体现为实践取向的英语师范生培养。

最后,英语师范生研究的增加突出表现在两个时间段,2009—2011年和2015—2016年。2010年颁布的《国家中长期教育改革和发展规划纲要(2010—2020年)》(以下简称《纲要》)在第七章高等教育中的第十九条明确提出要求高等教育提高人才培养质量、加强实验室校内外实习基地建设、强化实践教学环节。因此我们发现在英语师范生研究在《纲要》颁布前后的2009—2011年间研究热点集中在师范生的教学技能(24)、教育实习(13)、对策(12)、英语(9)、培养(10)及培养模式(9)。这些研究热点集中体现了师范生培养中英语学科在探索适合自身学科专业人才培养方面的努力,并开始加强师范生的实践能力和教育教学技能方面的培养,探索有效的师范生实践能力培养模式。接下来几年的研究热点延续了这一趋势并鲜明地体现了当年度的新研究话题。如:2012年微格教学(8)、立体模式(2),2013年的教师信念(6)、职前英语教师(4),2014年的Tpack(2)、新升本院校(2)、训练体系(2)。2015年教育部实行2015年及以后入学的师范类专业学生,在申请中小学教师资格时应参加教师资格考试。这一政策的提出,进一步督促师范院校在师范生教育中的改革,促进师范院校在师范生培养中提高质量,保持其师范专业人才培养方面的优势。2015—2016年研究热点明显体现为重视学科特色、细化师范生实践能力、重视英语基础专业课程、实践教学保障、教师自身身份认同等更加贴近一线教育教学活动且更加务实的研究领域。如2015年的热点关键词为教学能力(11)、地方高校(4)、改革(4)、教师知识(3)、实践教学(3)、教案(2)、实习(2)、顶岗实习(2)、课堂教学技能(2)、职业技能(2),2016年的热点关键词为身份认同、(2)教师专业发展(2)、师范专业(2)、自主学习能力(2)、综合英语、(2)必要性、(2)小学教师专业标准、(2)反思能力(2)、互动式反思模式(2)。

(二)英语师范生研究历时特点

英语师范生研究的文献发表数量变化及具体年份的文献数量见图2-31。从图中我们可以看出在2000—2017年英语师范生研究的文献数量整体呈现稳步增量趋势。在整个研究发展趋势中,有大致四个时间段值得关注:2000—2008年,2009—2011年,2012—2014年,2015—2017年。首先在2008年之前英语师范生研究文献数量一直处于较少,且处于低量增长阶段,甚至在有的年份文献数量为零。第二阶段为2009—2011年,英语师范生研究进入了一个快速、稳步的增长阶段,年平均9篇左右的增量。2012—2014年文献数量有所起伏,但是大体保持在一个平稳阶段,2012—2014年均文献量保持在32篇。2015—2017年文献发表数量则进一步激增至年均52篇。通过对我国师范生以及英语师范生研究的社会和政策环境进行历时梳理,我们可以发现这四个时段的研究发展情况与社会政策环境发展的同步关系。2010年《纲要》的发布对于英语师范生培养提出了新的要求,加强师范生实践能力的培养上升到了国家战略的高度。这为英语师范生研究提供了新的研究思路,进而一系列与师范生实践教学能力发展有关的研究话题不断被发掘出来。由于英语学科自身的特点,师范生实践能力研究在接下来的2012—2014年的三年中进入了一个沉淀、反思阶段。特别是在2012年的新课程标准中提出的英语学科人文、工具双属性,则进一步对英语师范生培养指明了方向,并给研究者们一个很好的契机来从英语学科专业视角探索具有学科专业特色的师范生发展道路。在这一阶段中研究热点体现为英语教学技能(4)、新课程标准(2)、英语专业(6)、学科教学知识(2)、Tpack(2)、英语专业师范生(2)、语音语调(2)、训练体系(2)等。2015年实行的师范类专业学生中小学教师资格证考试政策则再次将英语师范生研究推向了一个新的高潮。师范类专业学生教师资格证考试制度,督促各大学在师范专业的教育教学中加大实践培养力度,切实将师范生的实践能力培养落实到实处,并结合应用型本科院校转型的机遇探索适合本校特点的师范生培养模式。2017年的文献数量在这一阶段中相对较少,但这并不影响这三年的平均增量。据以上分析,随着国家对于教育、教师的关注度不断提高,英语师范生研究依然备受关注。

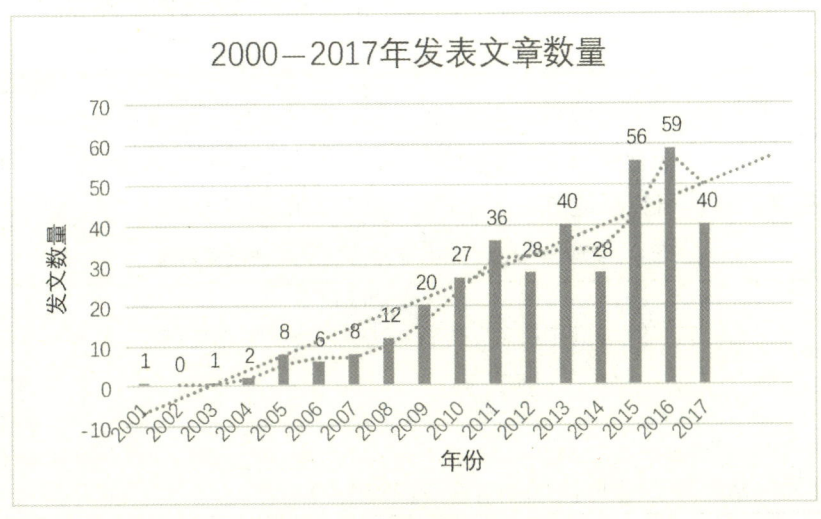

图2-31　发文量时间分布图

自 2009 年起,师范生教学实践能力培养开始受到关注,并在此研究热点下形成了一系列的研究次热点。围绕着教育实习,形成了以实践、技能、试讲、顶岗实习、策略、模式、对策等一系列的研究话题群。由此可见,研究者越来越重视教育实习在英语师范生培养中的重要作用。研究热点为英语发端于 2009 年并延续至 2017 年。这体现出英语师范生研究自 2008 年开始,逐步形成了具有鲜明英语学科视角的师范生研究,表明了在英语师范生研究中,研究者们对于师范生学科专业的重视,依托学科专业特点,探索有效的师范生培养路径。其研究关键词热点包括英语职业技能、语音语调、综合英语课程等。顶岗实习热点所链接的热点包括教师教育、地方高校、职业能力、教学技能、试讲、职前教育等。作为教育实习的一个重要形式,顶岗实习是师范生进行职前学习的重要方式,其对于师范生教学实践能力的发展具有非常重要的实践意义,因此受到研究者们的特别关注。顶岗实习虽然重要,但是较容易受到社会各方面因素的影响,我们可以发现其研究集中于 2013—2015 年。笔者通过对相关文献题目和关键词的整理发现,产生这一现象的主要原因在于研究者们在以顶岗实习作为关键词进行研究时,多采用教育学相关学科视角。笔者认为随着管理学、社会学、教育社会学等学科视角的加入,顶岗实习作为一项非常重要的师范生培养手段,在未来还会成为重要的研究热点。新课程标准的热点只在 2012 年出现,频度为 2。

(三)英语师范生研究的研究者合作情况

在笔者收集的 2000—2017 年的文献样本中共涉及研究者 34 人,合作连线 11 条。

结合表 2-2,2000—2017 年共有 2005 年韩刚—王蓉、2015 年熊群红—刘思思,2015 年高利敏—夏燕,2016 年付利蓉—康燕茹,2016 年袁燕华—江慧五对研究合作,且 2014 年彭雪苓、周丹丹、向珍玲、刘炜四位研究者的合作研究形成了一个合作研究热点,即现状分析。

表 2 2000—2017 年英语师范生研究合作者列表

年	关键词(频次)
2005	韩刚(3)王蓉(2)
2011	石炜娜(2)
2012	王维(2)左菊(2)
2013	曾密群(2)张哲华(2)刘全敏(2)丁天华(2)

续表

年	关键词(频次)
2014	李颖奇(2)彭雪苓(2)周丹丹(2)向珍玲(2)刘炜(2)
2015	黄慧(2)高利敏(2)赵晓光(2)谭华容(2)熊群红(2)李娟(2)张金英(2)夏艳(2)刘思思(2)刘小娟(3)
2016	陈婉转(2)袁燕华(2)蒙宏洁(2)江慧(2)徐蕴(2)康燕茹(2)夏莉(2)付利蓉(2)
2017	易春燕(2)刘慧(2)

注：括号中数字为该作者发文频数。

通过对相关研究者的研究文献的查阅发现，研究者合作研究话题除了现状分析，还有英语师范生专业发展、教师教育课程专业化目标、视频案例教学、培养模式、问题对策、反思能力培养等方面。

三、结论与讨论

通过上述分析，首先，我们对2000年以来英语师范生研究的发展情况有了明确的了解。自2000年以来，英语师范生的研究热点集中在教育实习、英语、顶岗实习、新课程标准四个方面。其中与英语师范生研究相关度较大的为教育实习、英语、顶岗实习三个方面。历时发展脉络图谱展示了相关热点的发展情况。英语师范生研究对于自身学科专业的关注度一直较高，这也体现了研究者们的研究重视学科专业，重视英语师范生的学科专业能力。教育实习和顶岗实习自《纲要》发布以来就一直被该研究领域研究者们所重视，这体现了研究者们对于英语师范生研究中实践维度的越发关注，并尝试探索有效的英语师范生实践能力发展模式。以英语师范生为对象，对其学科基础知识和教学实践能力两个维度的关注，使2000年以来英语师范生研究呈现出鲜明的学用相结合的特点。

其次，我们也对2000年以来英语师范生研究的特点有了一定的了解。

（1）对相关政策较为敏感。2000年以来，英语师范生研究经历了四个明显的发展时期。其中有三个时间节点比较引人关注，2010—2011年《纲要》《教师教育标准》《教师专业标准（试行）》的颁布，2012年课程标准的发布以及2015年师范生国考实施。如果仔细对上述三个政策或文件进行解读我们可以发现其中的指导性意义脉络：提升师范生的实践能力培养。这三个时间点都体现了相关教育机构和院校响应国家提升师范生培养水平的政策背景下，所进行的不断探索和努力。我国幅员辽阔，各个省市地区的人才需求情况有一些较为具体的表现。在国家方针政策的指导下做出一定特色探索不但是现实情况的要求也是相关政策文件制定的初衷之一,因此英语师范生研究的整体特征表现为对政策反应的积极性。

（2）与自身学科专业联系紧密。英语师范生研究一直以来非常关注自身的学科专业特色,并以此为基础来展开研究。在2015年师范生国考施行后,研究重点开始侧重教育教学能力方面并尝试将英语和师范作为共同基础来进行研究。这种转变就带来了研究关键词的转变,2015年前研究的关键词较多地集中在英语学科专业上,而2015年后则开始大量集中在教师知识、课堂教学、身份认同、专业发展和教学能力等方面。笔者在这里所表达的是一个趋势,并不是说在2015年以后对于英语相关的研究就完全不存在,而是所占比例或呈现方式的变化。

（3）研究者间合作少。通过分析可以发现,英语师范生研究中相关研究者之间的合作较少。通过对具体研究者的研究文献进行阅读可以发现研究者合作基本上是以课题为基础。同一单位、同一课题的研究者之间合作较多。跨课题、跨地区、跨学科专业之间的研究者之间合作较少,唯一形成合作网络的研究热点关键词为现状分析。尽管从分析结果来看,各地区研究者对于外语师范生发展研究的现状有较为一致的关注度,但是跨地域、跨学科、跨专业的教师间研究合作较少,这就使得英语师范生发展研究缺少跨语境相互借鉴,这不利于师范生培养的进一步发展。

第四节　职业情境中教师职业承诺特征

教师从入职开始就进入到了一个职业角色的适应过程,也是其职前所学教育理论与教师工作实际情况相互磨合调适的过程。职初阶段是教师职前所学理论与亲身职业实践认知、体验等不断相互影响,逐步形成具有稳定性的职业观念和行动方式的一个过程,最终以稳定的职业角色形成为职业成熟标志。教师最初的职业适应阶段与其职业承诺的形成有着密切关系。不论教师在职前阶段持有怎样的职业理念、期待和承诺,在入职初期都会受到职业现实情况所带来的冲击,进而产生不同的职业适应情况,甚至会对一个教师的未来职业决策产生一定的影响。本研究的话题来自一次与Y小学的教师职业发展指导活动,在具体指导活动中研究

第二章 专业资本视角下对教师专业行动的现场考察

者团队成员分别与Y小学的多位教师进行了访谈。在访谈结束后研究者团队特别注意到了该小学几位职初教师在几轮访谈中所提及的自身职业发展的愿景和困惑,研究团队一致认为该部分数据具有较高的研究价值,决定以教师职业承诺为理论切入点,在通过科学的研究方法对第一手的材料进行科学分析的基础上为Y小学的教师管理和教师专业发展提供建议,并获得关于小学职初教师"职业承诺"真实状态的相关知识。由于教师职业自身的特点,多种因素都对小学教师的职业承诺产生影响,进而促使小学职初教师在职业发展中做出不同的职业决策。因此,有必要从小学职初教师的实际工作情境中,对小学职初教师的职业承诺发展变化情况进行研究,以期为小学教师职业发展及管理提供事实依据。据此,本研究提出研究问题:小学职初教师职业承诺具有什么样的发展特点?受到哪些因素影响?

一、职业承诺

教师职业承诺(Occupational Commitment)[①],通常被定义为教师对教学职业(专业)的心理依附。职业承诺是指由于个人对职业(或专业)的认同和情感依赖、对职业(或专业)的投入和对社会规范的内化而导致的不愿变更职业(或专业)的程度。教师职业承诺能够有效地对教师在教育事业中的职业奉献以及职业持久度有积极预测,能够有效地预防职业倦怠和离职倾向,同时也能有效地反映出教师对学生学习成绩的投入程度。通过中国知网,以"职业承诺"为关键词进行发文检索,发现我国关于教师职业承诺的研究自2000年开始逐年增多,2013年最多达到一年53篇,前期研究相关领域涉及教师的"离职意愿""职业成长""专业承诺""职业认同"等方面,研究对象则集中于"教育工作者""中小学教师"。

[①] 龙立荣在2000年的研究中对"职业承诺"的概念表达进行了论述。由于"职业承诺"的相关研究起步较晚,因此英文中有多个表达方式与"职业承诺"的概念内容相一致。龙立荣认为常见的确切表达有Career Commitment, Occupational Commitment, Professional Commitment。Career Commitment通常表达职业生涯的承诺,概念内容上相当于本书中的"自我承诺";Professional Commitment适用于专业化程度较高的职业。本书认为,从中文的概念理解出发,"专业"与"职业"在律师、医生等一致性程度较高的工作中具有较高的一致性,因此在对这些职业进行研究时可以使用Professional Commitment。对于教师来说,这种"专业"和"职业"的一致程度并不高,如一个从事语文教学工作的教师其专业有可能是汉语言文学或者应用语言学。当然教师专业化在国家和教育部门的推动下在不断显现,但从目前研究的需要来看,"职业承诺"应为Occupational Commitment。

从以上的数据中我们发现绝大多数前期研究关注较多的为理论验证和理论探讨。关注具有较为明显特征和对具体实际情境进行深入的认识较少。我国研究者近20年的教师"职业承诺"研究,证实了教师的"职业承诺""专业承诺""职业认同""离职意愿"和"职业成长"有高度的相关性,但是这些因素是否对小学职初教师的"职业承诺"产生影响,分别又有怎样程度的影响,尚有待进一步研究。小学是我国整个教育体系中最关键的一个基础阶段,相对其他各级教育系统,它涉及受教育人数多、年龄小、净入学率高。教师的职业状态对学生的成长和发展有着重要的影响,也对学生整个受教育生涯有着明显的影响。

本研究以小学职初教师为研究对象,对其"职业承诺"的发展特点和影响因素进行研究,并据此尝试对如何有效提升小学职初教师的职业承诺水平,有针对性地进行教师管理和对职业发展规划提出建议。

二、研究方法

职初教师职业承诺是本研究的核心概念。通过中国知网关键词检索,发现我国关于教师职业承诺的研究自2000年开始,绝大多数研究关注国外相关研究理论的本土验证和理论探讨。从我国具体实际情况出发,以关注具有较为明显特征和对具体实际情境的实证性科学认识不多。由于国内外职业观念和从业方式的差异,我们有了以下思考:我国小学职初教师的职业承诺是否与国外研究所得理论一致?国外的研究成果是否可以完全解释我国小学职初教师职业承诺的实然状态?是否有独特因素对我国小学职初教师职业承诺产生影响?影响程度如何?

基于以上反思我们从认知和知识建构的角度出发,决定采用质性研究范式进行个案研究。具体采用访谈法、观察法(课堂教学、集体备课)、实物收集法(教师授权使用的反思日志,微信、qq、公开留言等)收集数据,使用类属分析法和情境分析法对研究数据进行分析。对于所收集的资料,研究者进行了编码处理,访谈资料以 I-A-1 的形式表达,实物资料以 D-A-1 的形式表达[①]。研究对象信息见表 2-3。

---

① 在对研究资料进行编码时,I 是英文 Interview 的缩写,第二个字母是该教师在本研究中的英文化名的首字母,数字代表该资料在此类数据中的条目。如:I-A-1 代表 Autumn 教师访谈的第一条;D-D-1 则代表 Dessert 教师实物材料的第一条。

表 2-3　研究对象基本信息

教师	性别	教龄	学历	专业	所授课程
Autumn	女	1年	大学本科	音乐（非钢琴）	音乐（钢琴）
Brook	男	2年	大学本科	数学	数学
Candy	女	2月	大学本科	语文	语文
Dessert	女	2年	大学本科	语文	语文

三、资料分析与结果

（一）"变好"的动力

本研究对象群体为已经取得从教资格且已经进入教师职业中的教师群体——职初教师。通过对研究资料进行分析并提取本土概念我们发现，小学职初教师的职业承诺表现"变好"的过程。首先，"变好"表现在小学职初教师对学校工作积极融入的内在驱动力。

"我求学的经历让我惧怕不被认同，害怕达不到要求，所以我不停想让自己变更好，这是我前进的动力"（I-A-25）。

积极融入组织的内在驱动力，促使小学职初教师想要获得在组织中存在的自我"价值感"体现。这种组织中自我存在"价值感"的体现不仅仅需要内在驱动力，同样也需要整个组织环境的"滋养"。在一个宽容、互助、积极接纳的组织环境中，小学职初教师的"价值感"会更加容易体现。小学教师"价值感"的获得不但能够使职初教师更好地适应组织，还可以进一步地"滋养"小学职初教师的教学观，进而对小学职初教师教学工作的心理层面产生积极影响。

"我是传统教育下成长的，有时候不自信。我来到这个环境，从一开始什么都不会，到学校信任你、给你空间，同事、领导鼓励你、支持你，我就发现我身上很多自我价值感就出来了。所以就是这个环境滋养了你，也滋养了学生"（I-A-12）。

其次，"变好"的过程还体现在对职业特点的心理认同上。小学职初教师从教的最初心理状态是较为理想化的"热爱"，在成功度过工作初期的适应阶段后，又重新恢复了对教育工作的"热爱"。虽然从字面上我们看到"热爱"的初衷未变，但我们能够发现，工作适应阶段过去后的"热爱"是一种对教师职业真实体验后的"热爱"，表达的是对教师职业的真实承诺，并能够在这样心理状态下对自己职业发展进行规划的行动承诺。

"刚开始对教育的初心就是热爱,但这两年事情烦琐,精力就变少了,我第三年上班,今年的心情又发生改变,对教育又开始热爱"(I-B-1)。

"就是我觉得有一些继续学习的愿望,因为害怕自己的知识不能更新。其实时间是可以挤出来的,你要想学的话,你真的很忙,你每天也能挤出来时间学习"(I-C-4)。

最后,"变好"还体现在能够开始对实际工作中的自我状态进行"调节"。在实际工作中,小学职初教师会面临很多无法完全用理论知识来解决的实际问题。小学职初教师在面对冲突和工作需要时能够开始尝试找到一些办法来进行自我调节,并找到解决冲突的办法,进而尝试通过提升自身专业素养来更好地适应工作。

"所有老师都非常忙,需要自我调节。我们一直在学心理学,还是有帮助的,面对冲突能自我调节"(I-B-6)。

"我现在就是想自己把自己的课上好,就想办法提高自己的教师专业素养"(I-C-6)。

"刚刚开始工作状态很好,想着当老师可能是件特别轻松的事。想着老师只上课就行,但工作后发现并不是那样。除了上课还要参加听评课,做各种记录,还要备课之类。都是课下做,刚开始来的时候觉得有些辛苦,这些都必须慢慢适应,我觉得现在适应了,也不觉得辛苦了,整体感觉比较开心"(I-C-3)。

(二)价值感的获得

通过分析发现,对小学职初教师"职业承诺"产生影响的主要有五个方面,分别为"工作承诺""回报认同""专业承诺""自我承诺"和"价值感"。

"工作承诺"主要表现在小学职初教师对学校组织中教师群体工作方式和工作状态的认可,并能够积极投入到同样的工作方式和工作状态中去。

"我感觉我现在琐碎事情也多,工作盲目,感觉和社会脱节了"(I-B-8)。

"我们总需要加班,基本每周都有各种各样的活动。据我了解大家备课和批改作业都是在下班时间完成"(I-B-15)。

学校的工作生活与小学职初教师的学校学习生活状态有很大不同,需要一个适应过程。"工作承诺"则表现为小学职初教师对这样一个新的工作生活状态的认知,并能够从实际工作状态方面对组织做出承诺,通

第二章　专业资本视角下对教师专业行动的现场考察

过行动来积极融入组织生活。"工作承诺"实现表现为小学职初教师对自身工作能力的"提升"和"成长"。

"我是今年的新教师嘛,所以我现在主要就是想向有经验的老师多听听课,学习一下他的课堂教学,因为内容方面还是需要有很大的提升的,因为毕竟你只有把内容琢磨透了,你的课堂设计得有趣了,孩子才能真正进入这个课堂"(I-C-2)。

"所以我现在很多工作很辛苦,但是能感觉到自己有成长的地方"(I-A-10)。

"回报认同"也是对小学职初教师"职业承诺"产生影响的因素之一,表现为"薪酬"和"福利"两个方面。小学职初教师对于教师职业在"薪酬"方面的回报比较认可,因为都是政府财政统一规划,合理公正。

"薪资各区都一样,只是工作可能更多点"(I-A-17)。

"薪酬是财政局发的,包含几个部分,有绩效考核,做得好,薪资会高一点,总体来说比较满意"(I-D-1)。

小学职初教师对于教师职业所具有的福利回报则显得较为重视,特别是小学教学工作的稳定性和时间的充裕性特点。

"我爸说那就当小学教师吧,稳定。我当时就觉得也正好有节假日嘛,然后毕业就考了"(I-A-2)。

"专业承诺"对小学职初教师"职业承诺"的影响主要表现在学历晋升方面以及专业水平提升。从小学职初教师的表达中我们能够发现其对专业提升有很全面的考虑,有机会还是要去提升自身专业水平。

"一直有考研想法,但工作一忙起来,就顾不过来"(I-A-5)。

"我愿意去提升学历,如果有机会想读研,但日常琐碎的东西也比较多。想考小学教育的研究生,还没和领导沟通,不知道是否可以,什么时候可以"(I-B-4)。

"自我承诺"对小学职初教师"职业承诺"的影响主要表现在小学职初教师对职业生涯的整体发展规划上。小学职初教师对于未来职业规划较多地侧重教育管理方向。对于小学职初教师来说,能够有机会进行专业提升或者向教育管理工作转型能实现其"职业自我",提升"职业承诺"水平。

"我不想一辈子只当班主任,干行政会发展更快。工资差不多,主要看职称"(I-A-22)。

"我有当校长这样一个动力,未必是热爱,可能掺杂了其他,比如权利"(I-A-23)。

"一般刚上班的老师急于进入工作状态,没有继续学习的愿望了,就会全身心地投入工作,但是再过三五年就会想考研或者想做行政,想要更好的发展"(I-D-7)。

"价值感"对小学职初教师"职业承诺"的影响主要表现在小学职初教师在学校组织中自我价值的确认。这方面对于小学职初教师来说显得尤为重要。从 Autumn 的话语中我们不难发现,小学职初教师的"职业承诺"较多地受到其在组织中自我价值感的影响。如果自我价值感在组织中并不显著,则会引发教师向更能体现自身价值的职业或工作方向流动。

"我来到这个环境,从一开始什么都不会,到学校信任我、给我空间,同事、领导鼓励我、支持我,我就发现我身上很多自我价值感就出来了"(I-A-12)。

"会考虑到换工作,只要能让我感受到我的价值感。我爸在科研单位,就说让我去他单位做轻松的工作,但我觉得日复一日的,不像在这里有很多挑战,比如上优质课、组织活动,能让我感觉我很棒"(I-A-20)。

四、结论与讨论

小学职初教师"职业承诺"主要指小学教师在职初阶段其对教师职业的心理依附。通过研究发现,职初阶段的小学教师的"职业承诺"呈现"变好"的发展特征。这里的"变好"主要指小学教师在职初阶段对特定学校组织工作的适应,具体表现在"主动融入""调节"和基于体验的"热爱"。虽然职初教师的积极心理态度是其"职业承诺"的关键所在,但是我们不能忽视学校组织氛围对职初教师心态的潜在影响。从对数据的分析中我们发现,有五种因素对小学职初教师"职业承诺"产生影响。"价值感"是其中相对比较重要的一个因素。职初教师对自我的职业规划发展是以"价值感"的获得为核心内容。当"价值感"缺失的时候,教师更倾向于离职甚至离开教职。而"价值感"直接引发小学职初教师在两个方面的重视,"专业承诺"和"自我承诺"。教师是一个理论和实践高度结合的专业性较强的职业,"专业承诺"意味着教师"价值感"的一个重要的外在来源。通常是否专业,也是对教师职业水准的描述。"自我承诺"则直接指向职初教师自从事教职开始,自我内在价值的实现愿景和规划。"工作承诺"和教师的"职业承诺"具有一定相关性,但不是最核心的影响因素。小学职初教师认为工作中所遇到的困境和挑战都可以以某种方式得到解决,不论是自己主动调整工作状态还是与他人合作学习。而"回报认同"方面最使小学职初教师重视的是教师职业所带来的"福利"(如假期、工作稳定等)而非"薪酬"(工资、绩效),这些对小学职初教师来说,不同学校组织差别不大。结论见图2-32。

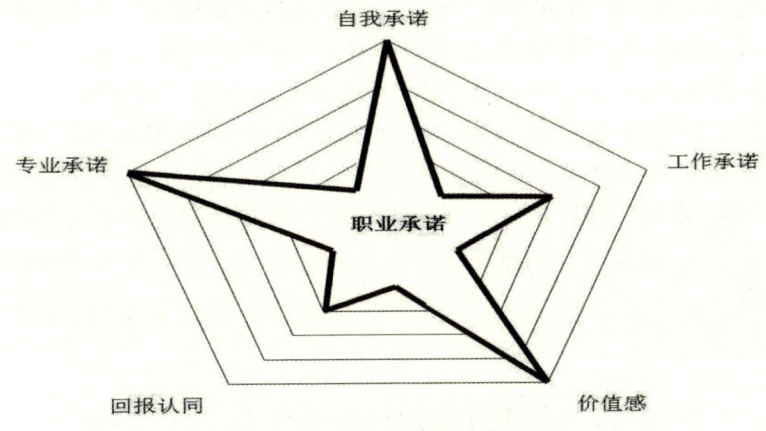

图 2-32　小学职初教师职业承诺

国外职业承诺的相关研究主要有三个理论方向：单维态度论（职业情感）、动机论（职业行为动力）、三维态度论（情感承诺、继续承诺和规范承诺）。单维态度论认为职业承诺是指个人对职业所持有的"情感承诺"，具体表现在个人对职业在其人生中的价值，个人在职业中所持有的专业态度以及组织融入意愿。动机论认为"职业承诺"是在职业认同基础上表现出来的成就动机。三维态度论认为"职业承诺"由"情感承诺""继续承诺"和"规范承诺"三个维度组成，分别描述了个人从事某职业的强烈期待，离职的代价评估，从事某职业的义务感。从研究中发现，教职本身具有职业认同度较高的特点，这种认同度并不来自"薪酬"而是来自无法用钱来简单衡量的一些职业特性，如：稳定和假期。对于职初教师来说对教育工作的热爱成为其在教职中不断"变好"的动力和行动力来源，这并不来自"义务感"。本研究中小学职初教师在"继续承诺"方面表现并不明显，对小学职初教师离职甚至离专业具有较大影响的是"价值感"的获得。由于小学教师本身对教师职业具有较高的职业情感和职业行为动力，因此所谓的小学教师离职实则为离组织，并非离专业。即便出现离开教学专业，也是为了寻求更大"价值感"或者"自我承诺"的获得，比如从事教育行政工作。从研究结果与国外理论比较来看，对我国的教师或者我国特定教师群体的"职业承诺"进行研究时应从实际出发，尝试借鉴并发现适合我国实际情况的理论框架。在本研究中，小学职初教师的"职业承诺"能够对应单维态度论、动机论中的成就动机以及三维态度论中的"情感承诺"和"继续承诺"。实践层面，本研究认为学校对于新入职的小学教师，应当加强对其专业和职业发展的支持和规划力度，营造良好的组织氛围来增加小学教师对于组织和职业的认同感。从整个研究结果来看，小学职初教师"职业承诺"的关注点在于自身价值在组织中是否能够体现，是否有专业提升渠道，是否有明确的职业发展平台。对于学校组织管理来说，应当对小学职初教师这三个方面发展诉求予以重视。

由于研究对象的独特性，"规范承诺"所表现出来的"义务感"是否在非职初教师群体中有较为明显的表现，有待进一步的研究进行验证。另外，本研究所得出来的理论框架，是否在更大研究对象群体中也具有实际意义，也需要在目前研究认知基础上做进一步的量化研究进行验证分析。

第五节　管理情境中教师组织意识特征

"意识"一直以来都是学者最为关注及感兴趣的研究话题之一。传统实证主义科学研究认为"意识"是一种高级神经活动，通常只在人类和其他灵长类动物中可以被观察到。随着科学研究的发展，越来越多的研究成果认为"意识"可能是复杂信息处理系统的一个表达特征。尽管很多研究者努力去理解意识的本质，但它仍然有很大的研究价值。

社会科学家一直尝试将"意识"这一概念可操作化，进而对社会团体和机构的工作进行理解和解释。在这些研究中，组织意识通常被理解为影响集体决策的组织身份、目标、价值观或文化等。"组织意识"也被认为是一个组织在适应其存在环境方面取得成功的一个关键因素，通常表现为组织为了生存而改变或适应外部环境。尽管对"组织意识"存在多种解释和理论框架，但组织意识在教育研究特别是职初教师群体研究中并未引起应有的重视。学校作为一个独特的社会机构，与社会有着多种显性和隐性关系。学校自身就表现出来其具有多重角色身份、职能、价值观和宗旨的叠加或冲突的特征，也表现出个人、非正式群体和学校组织与利益相关者的复杂关系。职初教师在进入学校工作场域时，其组织意识对其自身的职业和专业发展起着重要作用，也对其能否尽快适应并融入学校工作和发展有一定影响。对职初教师的组织意识进行研究，有助于我们以教师的实际职业生活为切入点，对职初教师在职业适应过程中的组织意识特征进行深入的理解，也为教师专业发展和师资管理提供新的数据支持和实质理论解释。在此基础上我们提出研究问题：小学职初教师的组织意识表现出什么样的特征？引发了哪些行动？对职初教师有哪

第二章　专业资本视角下对教师专业行动的现场考察

些影响?

一、组织意识

《牛津英语词典》中认为"意识"有两层含义：一是指清醒的状态，表现为对周围环境的感知和反应状态。二是指以第一种状态为基础得以实现的一种直觉，直觉状态的实现有赖于第一种状态作为基础。

主体—客体理论认为人类通过感知那些被他们当作对象的事物来理解情境。主体—对象的角色确定过程是一个动态的发展过程。该过程可以在人一生中依据个体的成熟度而被不断修改。当个体在适应新环境时，最先出现的是心理适应性。这种适应有助于个体在保持认知结构稳定的前提下使新信息与已有的经验保持一致。并在新经验对已有知识结构进行重构时，能够使整个过程维持于一个统一的解释和理解。个体在进入并适应新的组织生活过程中，组织已存在集体意识，通常会较早地引起个体的关注。组织性意识通常被理解为"一套共同的信念、思想和道德态度。在一个群体、组织或社会中作为统一的行为力量"。例如，当一个社会群体在使命、宗旨或价值观方面表现出一定程度的诚信品质，我们可以认为该社会群体具有某种组织意识。

Campion 和 Palmer 提出的组织意识理论框架，关注组织意识存在的原因和结果。该模式认为组织意识源自于企业文化、商业道德、价值观、社会责任以及对利益相关方的利益进行思考的能力等要素。组织意识会对组织的战略决策、道德决策、多样性和权力表达等方面产生影响。Barrett 的组织意识模型则包括了从生存水平、促进关系、自尊、变革、内在一致性、独特性和服务的由低到高的七个层面。

综合信息理论最初由神经学家 Guilio Tononi 提出，该理论认为意识的根本属性是信息。该理论认为意识是一种基于信息的、整合的经验类型；每个有意识的经验都是实际存在的；意识具有复杂性和结构性；意识是具体的特定存在；意识是整合的；意识经验具有排他性。

综上我们认为，组织意识是信息性的，指一个社会群体在适应新的环境时所表现出来的一套共同信念、思想和态度以及指导下的组织行动。

二、研究方法

职初教师组织意识表现特征是本研究的核心话题。组织意识也是本研究的核心概念。从意识的层面对小学职初教师在入职初期融入学校组织过程中的意识表现特征进行研究，目前在我国还没有得到较高的关注度。从中国知网（CNKI）的论文数据库中，以组织意识为核心概念进行检索，初步判断绝大多数的"组织意识"相关研究以思政研究方向为主，从组织意识层面对职初教师的工作和专业适应情况关注较少。因此以新知识获取和辨识的角度结合研究问题，本研究适合采用质性研究，来对职初教师的组织意识表现特征进行描述，能够为进一步的更大范围的验证性研究提供现实理论参考。

质性研究包含不同的研究形式，受到很多不同思潮、理论和方法的影响，也有不同的学科起源。许多学者对质性研究的界定和特点描述有所差别，但基本上在以下特征上具有共识：关注自然情境下个人的"生活世界"；注重对意义的解释性理解；研究是一个对现实的探究和建构过程；在收集、分析资料和理论建构时使用归纳法；重视研究者和被研究之间的关系。陈向明的定义更能够使研究者对质性研究方法有一个系统的理解："质的研究是以研究者本人作为研究工具，在自然情境下采用多种资料收集方法对社会现象进行整体性探究，使用归纳法分析资料和形成理论，通过与研究对象互动对其行为和意义建构获得解释性理解的一种活动"。具体采用访谈法、观察法和实物收集法（教师授权使用的教学文件资料、反思日志、微信、qq 公开留言等）收集数据，使用类属分析法和情境分析法对研究数据进行分析。对于所收集的资料，研究者进行了编码处理，访谈资料以 I-A-1 的形式表达，实物资料以 D-A-1 的形式表达。研究对象信息见表 2-4。

表 2-4 研究对象基本信息

教师	性别	教龄	学历	专业	所授课程
Autunm	女	1 年	大学本科	音乐（非钢琴）	音乐（钢琴）
Brook	男	2 年	大学本科	数学	数学
Candy	女	2 月	大学本科	语文	语文
Dessert	女	2 年	大学本科	语文	语文

三、资料分析与结果

（一）从"游离"到"适应"

T 小学职初教师群体从参加工作开始就明显地表现出要积极融入新的工作组织中的愿望，具体表现为有意识地去"适应"新的组织。从一开

第二章 专业资本视角下对教师专业行动的现场考察

始的组织接触中，T小学职初教师首先接触到的是整个学校组织最容易被人直观感受到的文化氛围，因此四位研究对象不同程度地表现出"游离"的状态，并没有进入并抓住整个学校组织体系所具有的价值内核。但是明显已经对学校组织已存在的集体意识有了关注，并有意识地逐步融入(O-1)。

"原先找工作想找个轻松的，然后我来到这里前半年一点都不适应，几乎是游离状态"(I-A-9)。

"其实刚刚开始工作和刚上学的时候那个状态感觉一切都很好，其实小时候想着当老师可能是件特别轻松的事嘛，因为每次看老师只要上课就行了，但是自己当老师发现并不是那么一回事，你除了上课之后你还要去参加一些听课、评课以及各种记录，然后还有备课之类的这些环节，都是老师课下做的，都要慢慢做，刚开始来的时候肯定会觉得有些辛苦，但这些都必须慢慢上手，但是用了这么长时间之后已经慢慢适应了，我觉得也就可以改正过来了，也就没那么辛苦了，感觉我整体也比较开心"(I-C-3)。

通过资料分析我们建构起了T小学职初教师群体在适应到学校组织的过程中的四个主要维度及其组织意识指导下的四种"适应"行动。

1. 权威引导适应

T小学四位职初教师从与学校组织的接触是从与领导的接触开始，而领导所具有的权威性和领导特质对四位教师的组织适应有着明显的促进效果。

"我觉得我们学校领导挺好的，因为一般有事直接就跟领导说实话，一般就给你出主意，自己再想想办法，那也没什么大的困惑"(I-C-8)。

通常个体或者小群体在与组织进行接触时，都是从组织领导开始。一个组织的领导不但是组织权威的象征，也同时是组织的文化符号。从人际的维度来看，小学教师对学校组织的第一印象也是直观地从与领导的交流沟通中获得，因此这样的人际交流从形式上看有可能是个体对个体，但本质上是组织对个体，或者组织对群体。T小学的职初教师对H学校的领导有着较好的印象，且感受到了领导的魅力。

"就是领导的魅力"(I-A-13)。

"我对我们领导印象挺好，他给你说的话和布置的工作就特别有效"(I-C-11)。

这样的人际沟通能够有效促进职初教师的组织适应，并有意识地与组织和领导靠近并进行沟通。

"领导是要找我们谈的,这都能真正促进成长"(I-B-13)。

2. 压力下的规划

T小学的四位职初教师在工作中所感受到的压力也促进其职业规划,尽力地去适应学校对教师专业和职业两方面的要求(O-7)。

"有愉悦也有压力,有价值感也有焦虑"(I-A-15)。

"各种内外在的因素督促着你去努力"(I-D-8)。

职初教师要想适应学校的发展首先第一个压力就是要做好工作,但是教师的实际工作状况使教师不得不对其教育工作进行有效规划,更好地分配精力。

"刚开始对教育的初心就是热爱,但这两年事情烦琐,精力就变少了,我第二年上班,今年的心情又发生改变,对教育又开始热爱"(I-B-1)。

在工作中职初教师发现压力其实是一个常态,无论从社会结构层面还是单个学校的组织结构层面,压力都是普遍存在,同时也是个人提高的动力。

"我觉得这个学校每一个老师都有压力,从上到下,就全社会而言,这是一个压力比较大的社会,这个现状无法逃避,习主席也说有压力才会有动力,才会去往前冲"(I-D-3)。

规划的其中一个方面是要处理好教学工作和其他琐事间的精力分配。

"上好课和其他烦琐事情经常发生冲突,精力有限,除了上课还要兼顾监考、阅卷、开会、写报告等"(I-B-7)。

"我感觉我现在就是不知道在干什么,琐碎事情也多,感觉和教学工作脱节了"(I-B-15)。

专业发展方面的压力主要需要职初教师对时间进行合理规划。

"还是要提高专业,老师的专业还是教师最根本的,当然还要学习教育心理学、教学论之类的。老师们都有各种渠道去学习,这个还是有压力的"(I-C-15)。

"好多老师都已经是在读的硕士,明显感觉和我这样一直工作的不一样,有很多很新颖的东西"(I-A-18)。

结构维度方面的压力,促使职初教师对其职业和专业发展进行规划。专业知识的获得,工作获得的认可给职初教师以明显的回报。对于回报的期待也包括对薪酬回报的关注,但总体上不如职业和专业方面的回报更受关注。

"薪资各区都一样,只是工作可能更多点"(I-A-17)。

3. 非"佛系"的成长

佛系是一个近年流行的网络用语,主要在青年人群体中被用来表达一种内心平和淡然的生活或者工作态度。从 T 小学职初教师调查中明显发现 T 小学的整个环境呈现一种非"佛系"的状态。职初教师认为非"佛系"环境中的成长意味着需要积极的专业适应,这样的适应带来的是真正的个人成长。

"如果是佛系,在这个学校根本无法生存。在这个学校你不进步你也得进步。我们学校每学期初会制定读书计划,关于认知自己、认知儿童、学科的和班级管理的,这是必读科目,还有一本是共读的书,领导是要找我们谈的,这都能真正促进成长"(I-B-12)。

"所以我现在很多工作很辛苦,但是能感觉到自己有成长的地方"(I-A-10)。

教师的整体工作比较充实,职初教师在对老教师工作的观察中发现,每位教师的工作状态都不是无所事事。

"一周 11 节吧。我觉得还可以,但是在学校里面感觉挺充实,也不是说我上完课就坐在那里,无所事事,不是这种感觉"(I-C-5)。

"我们总需要加班,基本每周都有各种各样的活动,据我了解大家备课和批改作业都是在下班时间完成"(I-B-8)。

所有教师的工作状态给职初教师一个对学校工作环境的直观认知,这样的环境氛围促使职初教师对自身的问题进行反思,并努力去成长。

"在看不清自己的时候可以意识到自己的问题出在哪里,效果是个漫长的过程,人发展到今天也是个漫长的过程,但是我们通过视频、文章的学习,开始去有一些了解"(I-D-6)。

4. 松散共同体中的竞争

在职初教师的工作中,通过对其他同事工作和成长状态的观察,形成了反思。同事间都各有工作和专业发展,整个同事间呈现一种纯粹的同事关系。

"教师平时都挺忙的,各忙各的,一周有音乐课、讨论课、教研、安全课、晨读和午写,共 27 节"(I-A-19)。

"挺好的,比较纯粹,界限清晰,不管是工作分工还是日常关系,处理的都是同事关系"(I-B-10)。

教师群体间呈现的是一种较为松散式的共同体关系。教师之间虽然各有发展自由,但都是建立在一个共同体的共识基础上的自由。

"不是无节制的那种自由,上课的时候要遵守的一些规则是老师和学生共同商定出来的,既然商定出来一个规则,那就是当成一个共同的约定放在这里,大家一起遵守,上课的时候互相倾听,那就是一种相互的尊重"(I-C-1)。

在这种松散的共同体中教师间还存在一种发展型竞争关系,这种竞争关系让职初教师更加明确了自身的专业发展,并在自我提升的驱动下给自己争取发展机会,比如评职称等。

"如果我考研究生,是只能考非日制的吗?我想考全日制的。同事们很多都是研究生毕业,或者正在读。有专业成长的压力"(I-B-14)。

"评职称的条件,但不是特别了解,需要时间,需要一个课题、一个奖,不是一时半会能完成的,也需要一个机会,这个就有点难,但是自身条件要都准备好"(I-D-9)。

(二)"价值感"的获得

T小学职初教师组织意识驱动下的组织"适应"行动,最终是以在学校组织中"价值感"的获得为标志。总体上来说T小学四位职初教师将"价值感"的获得归为学校组织环境的"滋养"。

"我是传统教育下成长的,做事情就会考虑很多,不自信。我来到这个环境,从一开始什么都不会,到领导和老教师们开始信任你、给你空间、鼓励你、支持你,我就发现我身上很多自我价值感就出来了。所以就是这个环境滋养了你"(I-A-12)。

"老师也要在爱和自由的环境下成长"(I-A-8)。

这种"滋养"首先来自专业方面。教师不但渴望更好地发挥自身的专业、专长,也同时希望得到学校组织中领导和专家对工作和专业能力的认可。

"我不是钢琴专业,没有专业的钢琴老师弹得好,这种专业性会让我感到心虚,很怕领导会突击听课。小学没有舞蹈编制,钢琴、琵琶、二胡都归为音乐里面"(I-A-14)。

"会考虑到换工作,只要能让我感受到我的价值感。我爸在科研单位,就说让我去他单位做轻松的工作,但我觉得日复一日的,不像在这里有很多挑战,比如上优质课、组织活动,能让我感觉我很棒"(I-A-20)。

"学校每周听课互相学习,区里也会有培训"(I-B-3)。

学校的组织氛围,将教师"价值感"的获得手段集中在工作和专业水平的提高上。学校环境"滋养"职初教师关注课堂教学、关注专业成长、重视自我心理调节,进而体现出自我在学校中存在的"价值感"。

"我现在就是想把自己的课上好,想办法提高自己的教师专业素养这些方面"(I-C-6)。

"所有老师都非常忙,需要自我调节。我们一直在学心理学,还是有帮助的,面对冲突能自我调节"(I-B-6)。

四、结论与讨论

小学职初教师的组织意识表现为"适应",表现为小学职初教师在适应新环境时所表现出来的信念、思想、道德、态度以及指导下的组织行动,促使小学职初教师从人际、结构、环境和反身四个维度,通过自我反省和与外部环境的互动中通过规划、引导、成长、竞争行动在学校系统的各种要素、子系统和职能之间寻找功能平衡。小学职初教师的组织意识及指导下的行动使职初教师关注在学校系统中"价值感"的获得。职初教师"价值感"的获得是通过对学校组织体系中存在的领导、专业、回报和同事四个关系维度对职初教师发展的角色要求的实现而获得。职初教师与学校系统接触是从学校的外在文化氛围开始的,对学校内在价值核心的有限认识使职初教师一开始处于"游离"状态。在学校环境的"滋养"下,职初教师的"适应"行为帮助教师以角色实现为组织适应的标志,见图2-33。

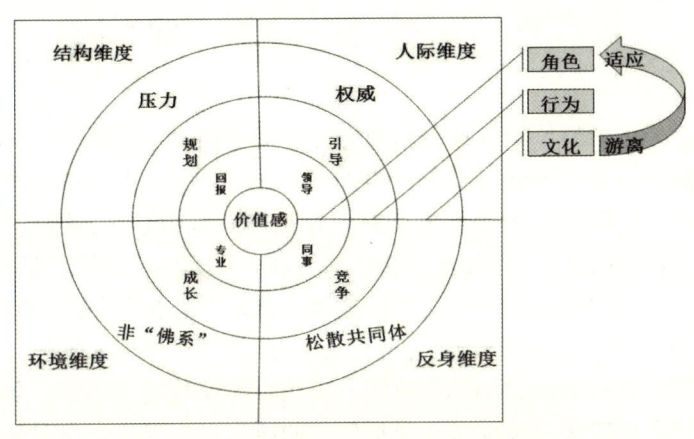

图 2-33 职初教师组织意识表现特征

主体—客体理论认为人类从对对象事物的感知来理解情境。主体—对象的角色确定过程是一个动态的发展过程。该过程可以在人一生中依据个体的成熟度而被不断修改。当个体在适应新环境时,最先出现的是心理适应性。这种适应有助于个体在保持认知结构稳定的前提下使新信息与已有的经验保持一致。并在新经验对已有知识结构进行重构时,能够使整个过程维持于一个统一的解释和理解。个体在进入并适应新的组织生活过程中,组织已存在集体意识,通常会较早地引起个体的关注。小学职初教师通过自我反省并在与外部环境互动中通过"思考"在学校的各个要素、子系统和职能间平衡并"适应"学校组织。学校组织体系中存在对教师发展的各种要求诉诸教师角色的实现,小学职初教师在角色实现的过程中获得学校系统中的"价值感"。小学职初教师的组织意识表现为组织"适应",并获得学校组织中的"价值感"。

从学校的管理角度来说,学校的组织文化和组织氛围建设非常关键。职初教师在进入学校工作时,对于学校组织氛围的感受对其组织意识有明显的影响。值得我们注意的是,学校文化和组织氛围通常会被职初教师通过某一特定文化和氛围的代表者表现出来,而职初教师对学校组织文化和氛围的认识也是通过具体的角色和人对于职初教师的组织角色要求来确认的。因此学校在管理职初教师时,应有确切的管理者或者组织成员与新任教师进行接触,并通过直接或间接的组织角色要求表达来引发出职初教师的价值感和组织中的价值期望,以促进职初教师更加有效地融入学校这一整体组织体系中。

第六节 课堂情境中教师专业表现

参与T小学的"小学研究型教师研修"活动的有T小学的23位教师。该项研修活动的主旨是要培养研究型小学教师,提升小学教师的教学与研究能力。特别关注教师如何将教学理论与实践相结合,并通过研究行动来促进教师教学反思,改善课堂教学行动。在其中一次研讨活动中,该小学的两位小学语文教师对人教版小学六年级一篇课文《金色的脚印(第一课时)》采用不同的授课模式进行现场授课并进行课后教研讨论。两位授课教师William和Nancy[①]对同一年级相同课程进度的两个非指定教学自然班进行授课。通常对于课堂教学的研究讨论都集中在对某一教学理念下的具体教学模式、教学方法和教学理念进行探讨,较少有这种自下而上地将两种不同的教学模式置于基本相同的时空中进行直观比较的方式。一直以来基础教育的教师发展研修活动主要以理论研讨、专家指导、

---

① 此处从研究伦理的角度考虑,采用了两位语文教师的英文名字。

第二章 专业资本视角下对教师专业行动的现场考察

讲座等方式进行。这次完全由一线小学教师所主导的,以真实教学实践展示为主要方式的研讨会给我们带来什么样的思考?又会给我们在关于教学理论与实践间关系的思考中带来怎样的启示?出于这样的思考,我们决定对此次活动进行田野研究,对此次整个研修活动进行观察记录,对两位教师在真实的教学活动中的教学理念和教学行动进行研究。本研究的研究问题如下。

1. 两位教师分别以什么样的教学理念为依据来组织教学活动?
2. 两位教师以怎样的方式实践其教学理念?
3. 两位教师的教学行动给中小学课堂教学生活带来了哪些启示?

一、核心概念:教学模式

"模式"(Model)在《现代汉语词典》中被解释为:"某种实物的标准形式或使人可以照着做的标准样式",词义相当于"模范""典范"。《教育大辞典》中也将"教学模式"界定为"反映特定教学理论逻辑轮廓,为实现某种教学任务的相对稳定而具体的教学活动结构,具有假设性、近似性、操作性和整合性的特点"。"教学模式"一词最早由美国的乔伊斯(B. Joyce)和威尔(M. Weil)提出,在1972年出版的《教学模式》一书中,他们将教学模式定义为:"构成课程和作业、选择教材、提示教师活动的一种范式或计划。"我国学者杨小薇、吴也显在20世纪90年代初的著作中开始进行专门论述。吴康宁进一步指出课堂教学活动作为一种特殊的社会活动具有一定的社会学模式,由三大要素构成:角色及其行为,人际网络,活动规范。课堂教学模式是在一定教学思想或教学理念指导下形成的,具有较为稳定的教学活动程序。我国的课堂教学模式研究一直不断地对教学理念进行探索、实践、反思、再实践,教学理念逐步侧重"学生中心""学习中心"和"以人为本"。探究性课堂教学模式有助于培养科学探究意识、方法和精神,在课堂教学中融入科学探究的学习和教学模式,有助于提高学生的创新意识、科学意识以及研究精神。

吴康宁指出教学模式具有两种概念:一种是被社会(上级行政部门或专业研究者)所认可的"范型",另一种泛指实践者在实践活动中逐步形成的"定型",可以称为"应是模式"和"实是模式"。对课堂教学的"实是模式"进行研究不但可以为"应是模式"研究提供实践经验的支撑,也为"应是模式"在实践中取得效益提供一定的理论依据。

二、研究方法

2018—2019年度,研究者参与了T小学的"研究型教师研修"活动。一次偶然的机会使研究者可以旁听该校举行的一次课堂教学展示活动,并参与课后集体研讨活动。采用的主要研究方法为观察法。研究者对此次教研活动做了详细的课堂观察记录和录像,并依据录像资料进行分析。二是访谈法,笔者在课后的教师研讨中对两位任课教师进行了访谈,并同时对所有教师的讨论和发言进行记录。三是实物收集法,研究者对两位教师在课堂教学活动中的实物资料进行收集,包括学生作业/作品、教具、PPT、教案以及一些在学校和师生同意下可以进行拍照留存的资料。对于所收集的资料,研究者进行了编码处理,并采用类属分析和情境分析方法。访谈资料以I-W-1的形式表达,实物资料以D-N-1的形式表达①。两位授课教师William和Nancy都为北方某师范院校的研究生,William在读,Nancy已毕业且从教两年。

三、资料的分析与结果

吴康宁认为模式具有两个来源,分别是"理论构想转化"和"实践经验提升"。这两种来源都反映了"模式"所具有的两种概念,一种是被社会(上级行政部门或专业研究者)所认可的"范型",另一种泛指实践者在实践活动中逐步形成的"定型",可以称为"应是模式"和"实是模式"。[6] 因此所有的"应是模式"都是"实是模式",而得到社会认可的"实是模式"才是"应是模式"。吴康宁指出,模式应当具有多样性的特征,任何实践活动在实践主体与实践条件等因素的综合作用下而形成的相对稳定的套路或格局,都对实践活动起着主导作用,而"社会认可与否"不能成为判断其存在合理性的唯一依据。缺乏对课堂教学"实是模式"进行较为系统的研究和认识,导致"实是模式"的研究价值被忽视,也导致一些教育工作者在课堂教学实践中的努力得不到应有的效益。对某一教学模式的特征进行分析主要集中在时间和空间两个维度上。空间维度主要关注教学模式对于教室空间以及人际空间的使用方式及其带来的效果。时间维

---

① 在对研究资料进行编码时,I是英文Interview的缩写,第二个字母是教师英文名字缩写,数字代表该资料在此类数据中的条目。如:I-W-1代表William访谈的第一条;I-Ts-1则代表教师群体讨论中的访谈记录第一条;D-N-1代表来自Nancy的实物资料第一条。

第二章 专业资本视角下对教师专业行动的现场考察

度主要关注教学模式对整个教学过程的程序安排,以及教与学两种行为在单位教学时间内的占有情况及其效果。基于以上两个维度的分析,我们能够通过与扮演教学模式设计和执行者的教师的共同反思,来揭示不同教学模式背后所隐含的教学理念,并从"实是模式"的反思中获得教学启示。两位教师的教学理念在教学空间和教学时间两个维度具有较为明显的差异。为了能够从本源揭示两位教师在教学实践中所持有的教学理念,以及不同教学理念指导下的教学实践,我们分别从教室空间利用和教学时间两个维度来对其授课活动进行分析。

(一)教学空间利用

安东尼·吉登斯认为行动者所在空间具有三个向度,分别是:共同在场、区域和形体空间。共同在场来自互动环境中行动者对他者存在的意识,表现面对面的互动。而共同在场则形成社会活动的区域化,往往具有物理性符号作为区域的界限标志。形体作为某一物质的形式,使形体与他者及物理世界建立联系,是在场的感官依托。"如果我们寻找基本的空间组织原理,那么我们将发现两类事实,即人类身体的姿势和结构,以及人与人之间的关系"。教室是教学活动进行的主要场所,但是教师和学生对于教室空间的有效利用也受到整个物理空间的限制。在有限的身体活动空间中,不同的座椅安排方式对课堂教学活动的互动方式有较大的影响。

1. William 的"矩阵"式教学空间

William 在授课开始,将教室座椅布置成如图 2-34 所示的布局状态。

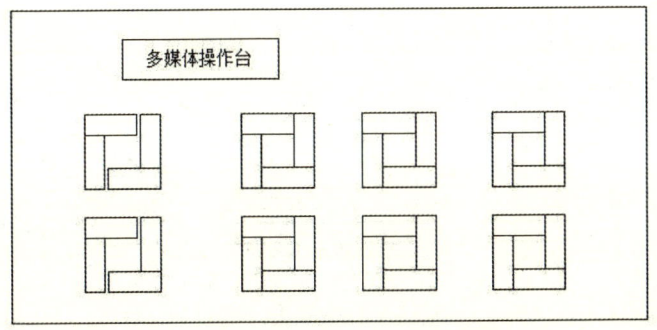

图 2-34　William 老师授课教室空间

William 认为这样的教室座椅安排"有助于学生间互动和教师互动,会使人际间交流更加开放"(I-W-3)。在授课中,William 的矩阵座椅布局能够使其在学生小组活动时,随时加入任意一组,并且与各个学生的互动频率明显增加。我们发现这样的教室座椅布局,在某种程度上扩大了教学空间。William 在教室中的活动线路变得更加丰富,小组教学活动的开展有利于师生、生生互动。在整个授课过程中,William 基本上站在整个座椅"矩阵"的中间。在小组活动中,William 也能够深入地加入各个小组的讨论活动中,且能够对各个小组遇到的问题进行近距离指导。但是这样的座椅组织方式也暴露了一定的缺点,教学空间的更加开放性在某种程度上带来了课堂活动组织混乱。"小组活动那里有点乱,整个老师顾不过来了"(Ts-I-10)。这种混乱表现在两个方面:一方面是突出表现出教的行为无法满足学的需求。在进行小组活动时,William 明显在应对多组学生疑问时显得力不从心,常常是 William 在对一个小组进行讨论时,其他小组也同时在表达诉求。另一方面是学生学习空间的扩大。我们发现,这样的教室空间布局,同时也增加了学生的活动空间。当教师无法同时兼顾多个小组的学习指导诉求时,学生出现了组间流动。这种组间流动一开始是学生向 William 所在的组聚集,当发现没有获得有效信息时学生则开始了组际间流动和讨论。William 不得不几次提醒同学耐心等待并注意不要大声讨论。"这种情况需要反思一下,小学生都习惯了跟着老师的教学安排进行学习,突然自己可以独立学习了,但有时候还是听不懂教师的任务布置"(I-W-11)。

2. Nancy 的"秧田"式教学空间

Nancy 对课堂的桌椅并没有做出调整,保留了 T 校寻常的桌椅作为安排(见图 2-35)。

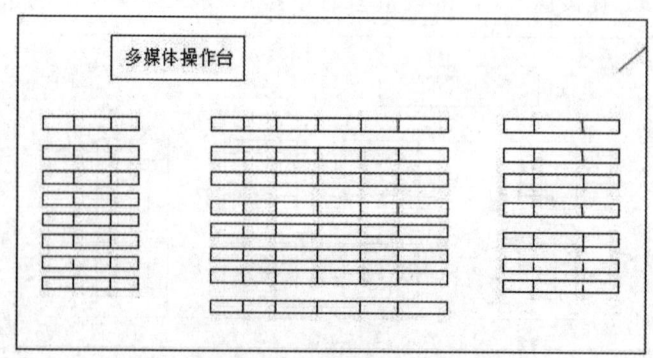

图 2-35 Nancy 老师授课教室空间

相对于 William 的"矩阵"式布局,"秧田"式的布局使教学活动空间变得有限。首先,Nancy 在授课时的活动路线仅限于中间两个过道,因此

第二章　专业资本视角下对教师专业行动的现场考察

离过道较近的学生得到教师的学习指导较多。其次,我们通过观察发现,Nancy 从名义上将学生分为若干小组并安排其进行小组讨论,但是实际上相当于小组轮流发言。空间的局限,使得所谓的小组讨论并没有达到"讨论"的效果。"确实这样,学生在讨论时明显不像 William 的课那样热烈,学生互相间有点别扭,能看出来座位不适合做小组讨论,当然也不能说没有小组活动,但是从效果上看不像"(Ts-I-17)。Nancy 并不是不想把教室布置成"矩阵"式,但那样的讨论确实影响课堂学习效率,学生也会跟不上教师的教学节奏。"也不能完全让学生敞开了讨论,小学生自主学习能力还是差,主要还是依赖教师的学习引导,课堂还是要讲学习效率的。以前上学也学习过一些交际教学理论,后来工作了发现,并不一定实用,我的经验是用得少"(I-N-9)。Nancy 并不认为这样的课堂布局容易使后排和中间的学生学习知识的效率下降。"其实一般都认为好像你把课堂布置成传统的形式就证明老师没有先进的教学理念,离老师远的学生学习效果不好,其实我觉得不对。我们的班级里都有扩音器,连着老师的话筒,声音上不存在问题。我们也有意把学生搭配组桌,学习踏实的和不踏实的搭伴儿坐"(I-N-11)。"我也经常有意识地提问中间的学生,也算是一种督促指导吧"(I-N-13)。"秧田"式的课堂布局,让 Nancy 的课整体上井然有序,甚至学生的小组讨论都是井然有序。当 Nancy 布置了一个5分钟的小组话题讨论时,学生各组成员基本上是轮流发言,由一个学生总结概括,因此基本上在3分钟左右各个学生小组就可以完成讨论。

在空间中有两个概念需要引起我们的注意,"宽敞"与"拥挤"。"宽敞"与空间相关,"拥挤"则与人口密度相关,二者表达两种对立的感受。空间充裕并不意味着"宽敞",较高的人口密度也不一定意味着"拥挤"。空间上的"宽敞"与空间中的行动者在多大程度上有能力实现活动自由的感觉有关。"拥挤"的感受较多来自"人",人可以对自由进行限制,而物本身不会。物通常会被用来当作控制人自由度的工具。无论是空间中的行动者感受到的是"宽敞"还是"拥挤",这都意味着行动者在空间中经验了某些东西。共同在场的互动形成关系,在关系中收获感受、经验、知识,当我们将这一切以一个场域化的方式赋予符号表达出来,那么这个空间会成为承载行动者所有体验的"地方"。

William 的教室空间布局,在激发学生学习的自主性的同时,也将教与学间供给关系的不对称性展示了出来。某种程度上来说,这样的空间利用方式比较适合具备了较好的自主学习能力和学习管理能力的学生,同时对教师的课堂组织管理能力也提出了较高的要求。Nancy 的"秧田"空间布局,使得整个课堂教学呈现一种有序的发展状态,"秧田"的课堂布局,有助于学生学习注意力的集中和教师对学生学习状态的把控,有助于教师高效率地进行教学管理,提高课堂教学效率。这在一定程度上缓和了教学过程中教师和学生间人力的不对称性。

我们借用一个热力学的概念"熵"来对不同教室空间布局对教学活动中人际互动所带来的影响进行描述。"矩阵"式的课堂空间布局,一定程度上容易使课堂上的人际互动呈现一种从有序向无序发展的态势,我们认为是呈现"熵增"的状态。反之,Nancy 的课堂布局则使得课堂教学中人际互动状态呈现"熵减"的状态,人际互动一直保持较为有序的状态。参与评课的其他教师对教室的空间利用方式有着自己的看法。"这样的教室空间布局一直存在应该是有一定道理的,不然我们推行了那么多年的教学改革,鼓励各种教室座椅安排,可 Nancy 这样的还是主流,是有原因的"(Ts-I-23)。"学生的交际能力,沟通能力其实涉及面挺广的,单凭课堂这点时间不够,得多方努力。不是说他课堂能说,回答好多问题,交际能力就好了,同时也得看课的内容适不适合"(Ts-I-26)。

(二)时间维度

安东尼·吉登斯倾向于将行动者的时间看作是事件从过去到现在的流动,并将时间划分为可逆时间和不可逆时间两种类型。对于行动者个人来说,个体生命的历时过程不可逆。行动者在时间中的行动是行动者以身体为基础的历时经验过程,身体的衰老不可逆。可逆时间有两个表现,一是日常体验的延续,二是制度长时段。安东尼·吉登斯对行动时间的划分,以行动者自身为参照,分为内外两个维度。首先,行动者个体自身所具有的时间具有不可逆性。其次,行动者之外的时间流是可逆的、循环的,具体表现在行动者体验的日常生活习惯和长期存在的社会制度结构。安东尼·吉登斯认为三种时间的差别,恰好反映了时间、行动与制度间的关系。个体生命时间、日常经验绵延和制度的长期存在是彼此互为结构、互为前提与结果。在这个统一的时间关联中,日常经验的绵延即是制度长时段的具体表现,反之日常行动的制度化才是一个日常经验的绵延。人类自身的存在则是另外两个时间绵延存在的条件。行动在时间上的绵延意味着行动者的行动经验对日常经验的建构,进而对制度再生产。行动者们的共同知识经验形成制度,经由日常经验影响具体行动者。三种时间性彼此共构、互为前提与结果。对课堂教学中时间构成的研究主要关注互动行为方式和时间分配上。

第二章　专业资本视角下对教师专业行动的现场考察

1. William 的 PBL（Project-based Learning）模式

William 的大致教学步骤是：导入、核心概念词汇介绍、任务性阅读、小组讨论、开放性问题、小组讨论、作品展示。整体上看，William 的课程由四大部分组成。

第一部分为导入，William 在做课程导入时使用 PPT 将各种狐狸的动画形象呈现出来，要求学生说出他们对于狐狸这种动物的印象，并用一个词汇来进行描述。然后在 PPT 上打出本课的一些重点词汇及其释义。第二部分为任务阅读，在任务性阅读活动开始之前，William 在 PPT 上打出学生需要在阅读后回答的问题并设定好学生阅读时间。阅读倒计时结束后，William 再次要求学生在 5 分钟内就 PPT 上的问题进行小组讨论，并做出回答。第三部分为成果，William 提出一个较为开放的问题："讨论文章中狐狸的形象"。并要求学生在规定时间内完成小组讨论并在教师提供的白纸上画出对文中狐狸形象的理解。第四步为展示，每组留下一位学生负责作品讲解，其他组员去观看别组作品并听取其他组的作品讲解。各组讲解员每一轮一换，以保证每个组的成员都有机会担任讲解员。老师们在讨论中一致认为 William 使用的教学模式较为接近 PBL（Project-based Learning）模式。"William 的教学模式就是那种 PBL，比较接近一些先进的课改理念和建议"（Ts-I-13）。

William 认为课堂应该是一个学习的地方，并不是教师教学能力的展演台，因此教学不能以教作为教学设计的出发点和主体，应该依据课程内容和学生情况来进行设计，把课堂还给学生，让学生学起来，为学习服务。"课堂不是展示老师有多少知识，有多少技能的地方，而是学生学习的地方。时间很宝贵，如果老师一直讲，确实能完成教学计划要求，那学生学了什么？有什么收获？至少得有一个实实在在的东西来证明学生真的动脑子学了，也学到了一些东西"（I-W-21）。William 认为学生通过教师的引导，在完成每节课的规定任务后，形成一个结果并与同伴分享展示是关注学生成长的教育理念。面向的不仅仅是知识的掌握和记忆，更关注学生作为人的全面发展和学习中的获得感。"每次学生通过完成一定的任务，自己发现知识、探究知识，从学习中获得成就感，从做中学，发展思维"（I-W-22）。

2. Nancy 的 LT（Lecture Teaching）模式

Nancy 的教学步骤大致是：导入、核心概念词汇介绍、任务型阅读、开放性问题、小组讨论、小组观点表达、教师点评。整体上看，也由四大部分组成。第一部分是导入，Nancy 将本单元的重点词汇和狐狸的配图形象共同呈现，并介绍了人们对狐狸这种动物所持有的较为矛盾的观念。第二部分是任务性阅读，学生在规定时间内速读课文，由学生自愿起立表达阅读后对狐狸的认知，并从文中找出句子加以证明。第三部分是小组讨论，Nancy 提供两道开放性问题，要求学生就近结成小组进行讨论之后以小组为单位进行观点陈述，并接受其他组提问。第四部分是 Nancy 对当堂所学内容的整体反馈，相当于复习。"Nancy 采用的是贴近传统的那种教学方式 LT，教师主导"（Ts-I-14）。

  Nancy 同样也认为课堂应该是一个学生学习的地方，这里应该以保证学生充分的学习为主要目的，教学设计应该考虑如何教才能在有限的时间中让学生掌握知识。"课堂就那么点时间，学生考试升学压力太大了。毕竟考试不考你别的，就是拿分说话。我总在想，怎么能让孩子们在和我一起接触的时间里，尽可能多地掌握必须的知识。你说交际能力，这个的影响因素太多了，课堂时间可太宝贵了"（I-N-15）。Nancy 认为教师就应该充分发挥主导作用，带着学生学习，让学生养成正确的学习习惯和态度。教师有责任帮助甚至督促学生形成这些习惯，对学生终身受益。"我觉得我是务实的，别的能力上去了，分上不去，没养成好的学习习惯哪儿行啊？经常有那样挺能表达的，就是学习不上心。其实要说孩子学习好表达能力好，我们当老师的当然愿意了。不过一个阶段说一个阶段的事儿，毕竟整体教育选拔方式和教育环境在这儿摆着"（I-N-17）。Nancy 认为在目前的教育选拔和考核体系中，分数还是一种重要的衡量工具，也是学生、老师和家长教育成就感的一个直观来源。"考核这东西老得有，别管学什么，不都得有个考核标准？其实面向考核进行学习和教育没什么不好的，关键是看考核的内容、目的和导向"（I-N-20）。

  教师与学生在课堂场域中进行互动，在"教"与"学"的过程中共同建构意义，体验教学生活。师生在课堂场域中的面对面交流，在时间流动的节奏感中体验教学，使课堂这个物理场所成为承载师生共同经验和感受的"地方"。

  基于上述分析我们认为，William 和 Nancy 的教学模式在时间维度的表现特征上，近似于 PBL 和 LT 教学模式。从分析中我们发现，两位教师的教学模式都以促进学生的学习为出发点，但在具体的实施方法和策略上蕴含着不同的教学理念。William 的教学模式中蕴含着"发展"理念。这样的理念来源于 William 对于教育理想状态的追求和认可。因为他目前还是研究生在读，因此在具体的教学模式选择时会受到理想理念的拉力而选择一种关注人的发展的教育理念，并将其与特定教学内容结合形成教学模式。然而从 William 的教学反思中我们也能发现,教学实践中经验学习也对其教学模式的发展变化有一定的影响,进而促使 William 总结经验并尝试在未来进行教学方法上的重新选择,从研究分析来看,William 受到理论选择的拉力较大。

Nancy 更倾向于一种"务实"的教学理念。这样的理念来源于 Nancy 对于教育现实情况的认识和教学经验的积累。Nancy 在具体的教学模式选择时会受到经验的影响而选择一种高效率的教学方式,当然她的目的也是促进学生的学习。Nancy 的教学模式较多地受到教学实践经验的影响进而建构起来经验学习,因此 Nancy 的教学模式侧重务实性经验选择。从研究分析来看,Nancy 受到经验选择的拉力较大。

基于以上分析,我们发现教学模式是在教学内容知识为载体的基础上,在理论选择和方法选择两个力量的共同作用下,在课堂教学时空两个维度上做出的平衡选择。理论选择是由理论学习来支撑并受到观念的牵引,方法选择由经验学习来支撑并受到经验的影响,见图 2-36[①]。

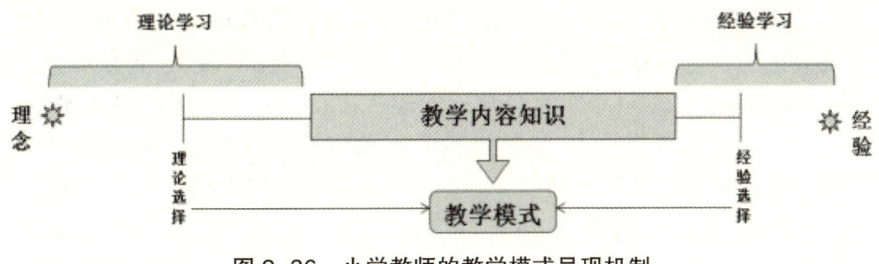

图 2-36　小学教师的教学模式呈现机制

四、研究结论与讨论

(一)结论

克里斯·阿吉里斯(Chris Argyris)在《行动科学》一书中认为"行动理论缘起于这样一个概念:人们是自己行动的设计者。行动者根据自己的目的来建构行动意义,并借此理解所处的环境,这些意义的建构反过来又指导了他们的行动"。克里斯·阿吉里斯的行动理论中认为行动的逻辑假设为:"在 S 情境中,若要达到 C 结果,便必须执行 A 行动"。克里斯·阿吉里斯将行动理论分为两类:"信奉理论"和"使用理论"。前者指

---

① 图 2-33 中的理论包括教育学、心理学、课程论、教学论、社会学等方面的理论知识体系;经验指教师在职业成长中以直接或者间接方式获得有关课堂教学、人际沟通、学生理解、知识阐释方式等方面的情境性学习。

行动者自我秉持并遵循的行动理论，与个体自身所信奉的理念和价值观有关；后者则是指行动者那些由实际行动所积累的经验中所推论出来的理论，这种理论只能通过对行动者的实际行动进行观察才能把握。两种行动理论在实际中有可能一致也可能不一致，行动者能够意识到自己对于行动的信奉理论，但是对于使用理论则不一定能够意识到。行动理论中信奉理论与使用理论有助于改善教师教学行为，提升教师对于学生主体地位的认知，有助于提高课堂教学的质量。

Reetta Niemi, Kristiina Kumpulainnen 和 Lasset Lipponen 的研究发现，学生在觉得自己能够完成某项任务、解决问题并创造"产品"时，会认为所处学习情境是有意义的。该研究还发现归属感会使学生对学习情境高度投入，甚至对学生在学校学习时间和空间的利用产生影响。

从以上分析可以发现，从教学主体的角度，再次深入对课堂教学中时空关系进行思考，我们发现行动者的行动—结构，结构—行动之间有一个行动者的选择，这本身就是行动者之所以为行动者的第一条件能动性。这便揭示了 William 和 Nancy 两位教师在面对小学生进行教学时的模式表达机制。William 受到"发展"的教学理念影响较大，他依据理论的理想状态将其认为合理的课堂教学模式进行表达。Nancy 则受到"务实"的教学理念影响较大，她依据教学经验将其认为最合理的教学模式表达出来。参与讨论的教师们一致认为 William 是 PBL 倾向的教学模式，Nancy 是 LT 倾向的教学模式，但在实际情况中，很难做一个具有清晰边界性的区分。并不是说 LT 就没有任务给学生或者没有显性的学习成果，也不是说 PBL 完全就脱离讲授。通过研究我们体会到，教学模式间的区隔存在于高度抽象化的教学模式理论中，在真正的课堂中往往要比理论对真实情境的讲解描述丰富多彩。"其实，我们讨论来讨论去，也没有一个定论，因为在教学中，教的'好'这个概念本身就挺相对的。William 的课在我们看来，也有很多基本概念讲授的部分，也不是都扔给孩子们自己讨论，这个挺重要的，你要是不把基本概念先讲清楚，等学生理解偏了，再纠正就难了。Nancy 那个也不是一点互动也没有，那两个孩子就有不同意见，也讨论得挺激烈的，只不过就不是面对面的，因为座位的原因。但是 William 那个座位安排其实对跨组间的沟通也不太现实也不方便，学生跑来跑去的，挺乱的"（Ts-I-10）。

本研究关注真实的小学课堂教学，从研究中我们得到了以下启示。首先，对于小学课堂教学来说，对于教学内容知识应该予以高度关注。教师在选择教学模式进行课堂教学时，对于教学内容的知识的认知和把握是首先要考虑的。教学模式的出发点是怎样对教学内容性知识进行解构和重构以达到好的教学效果,在此基础上才要从理论和经验两个方面来对具体教学模式进行选择和设计。没有对教学内容知识的深入理解,很有可能使教师的教学模式走向唯理论或者唯经验的两个极端。"对,这个我就觉得哪个教学模式好,得看什么课,看这个课的内容。有的就适合多让学生做,有的就适合讲。有时候我们也挺困惑的,专家有时候总建议我们让学生多活动,好像学生不活动,我们的课就不是好课。其实本来有的东西学生听一遍就学会了,非要去组织活动,挺浪费时间的,我们老师们也挺困惑的"(Ts-I-11)。

其次,从本研究中我们发现,教学模式具有情境依赖和学生依赖两个特点。富有实践经验的教师对这两方面更有体会。小学生具有其独特的认知和行为特点,课堂教学组织需要明确的规则和纪律意识,不然其小组活动和人际互动则趋向于"熵增"的状态,降低课堂学习效率。当然,很多研究证明课堂中增加小组互动和人际互动有助于学生的全面发展,但具体在小学阶段的组织方法上需要做进一步研究和探讨。另外,课堂人际互动中"熵增"现象是否会随着学生年龄的增长呈现递减的趋势,也需要进一步的研究进行验证。

再次,教师的专业性与其单纯的理论学习或者单纯的经验学习不具有一致性。从图2-36中我们可以看出,教师的教学专业性在教学模式的表达中是教师的理论和经验紧密结合的产物,也得到教师对于教学内容性知识的理解,是一种理论与经验的平衡状态。某一个教学时刻,或者某一节课的教学模式呈现都是两种力量在教师对教学内容知识理解的基础上的一种动态的平衡状态。"教无定法嘛,有时候得随机应变,这就是专业性。你看有的年轻新来的老师,就是对某一理论的应用,显得不灵活,洞察力不够。有的老教师,一看学生动作表情就知道该用什么方式教了"(Ts-I-13)。在小学教师的专业成长和职业发展的过程中,我们不但要重视提升他们对教学内容知识的解释和阐释能力,还要重视培养其教学敏锐性和敏感性,能够在不断变化的课堂情境中做出合理有效的教学决策。

(二)讨论

教育改革重点一直在提高教育教学质量。我国分别在1993年颁布《中国教育改革和发展纲要》,1999年颁布中共中央国务院《关于深化教育改革全面推进素质教育的决定》,2010年颁布了《国家中长期教育改革和发展规划纲要(2010—2020年)》,始终把提高教育质量摆在最重要的位置。在改革的进程中,"人们愈来愈认识到:没有高质量的教师,就不可能有高质量的教育水平。教师不仅要有娴熟的教育教学知识和技能，还应有高深的学科专业知识和广博的科学文化知识"。我国在2018年颁布了《关于全面深化新时代教师队伍建设改革的意见》和《教师教育振兴行动计划（2018—2022年）》两个文件。这两个文件都旨在提高教师教育教学质量，而且被认为是新中国以来首次直接面向教师的教育改革政策文件，充分体现了对教师在教育改革成败中所起到作用的重视。

然而有时，虽然变革方案是建立在正确的理论和准则基础上，但教师并不愿意接受它或实施于他们的实践领域。教师通常会认为变革推行者所设想的条件和教师所面对的情境完全不同。教育改革对教师的专业活动提出了新的要求，教师的专业生活也发生了很大的变化。师生互为主体，教师主导的教学理念将教师的能动性摆在了重要的位置。教师作为课堂教学活动中起主导作用的角色，不但是一个教学和践行改革理念的行动者，也同时是一个教学实践的研究者。对教师自身来讲，教育改革要求教师不断重新定位角色、改进教学模式、重新认识教与学的意义与关系、更新教师文化。在具体教学中要采取行动充分发挥学生学习的主体作用，转变角色，形成能够有效促进学习的教学模式。任何一种教育理念的变革都有赖于教师个人在课堂教学中来实现。不管他人提出的建议如何，教师对这些建议如何分析、权衡，教师依然是那个课堂教学中的行动者。从这个方面来说本研究具有一定的实际意义和理论价值。

五、研究反思

本研究缘起自一次小学教师教研活动，研究者纯粹以求知为动机，提出研究问题并尝试探索、发现并解释现象背后所具有的更深层次意义。本研究没有以好坏为标准对两位老师在具体教学情境中所呈现的教学模式进行价值判断。我们认为每一堂课都是一个活生生的真实学习的生活体验，简单的降维归类并以好坏进行判断并不符合研究者所秉持的研究理念和方法论。每个课堂教学都是一个动态的社会性活动，影响因素很多。教师的个人经验、教学理念、学生状态、知识内容等都对课堂教学有着关键性影响。我们采用了时空的维度以个案比较的方式来揭示课堂教学中的一些现象，并从中获得一些启示，以此来丰富我们对课堂教学理论认识。

本研究并没有将具体的教学内容纳入到分析中是因为本研究主要关注教师在课堂教学中教学模式的表达机制，而教学内容知识被认为是教师课前集体备课中已经达成共识性的部分。在本研究所收集的数据中所

第二章 专业资本视角下对教师专业行动的现场考察

获得的有关教师教学模式对学生产生影响的数据较少,研究者认为这与小学生的自我感受表达方式有关,因此在今后的研究中应对不同的研究对象做更深入的有关方法论的思考。

  本研究在考虑到跨个案对比分析的方法时,研究者做了很多关于方法论方面的思考。如何才能够将两个个案置于一个共同的基础上进行比较分析是本研究尝试探索的部分,并最终决定要从微观的视角,以人类生活的时间和空间维度来进行分析。另外,本研究中也出现了可以进行进一步验证性研究的研究问题:一是,在教师职业发展过程中,理论选择和方法选择是否与其从教时间长短成正比;二是,学生课堂小组活动或者大范围的课堂人际交流活动的互动"熵增"现象是否与学生的学龄和年龄具有相关性。

第三章　影响教师专业资本形成的因素分析

古今中外的学者,对教学概念的理解有所区别。学者们从不同的视角和出发点对教学做出了不同的定义,但我们也可以从中发现共识的部分。不论从什么样的立场和视角来看待教学,都强调教学是教师的"教"与学生的"学"辩证统一的过程,是统一活动的两个方面;明确教学活动中教师的"教"的主导作用和学生"学"的主体地位;教学对学生全面发展起促进作用。

随着当代社会、时代和教育教学改革的不断推进,教学观念的不断革新给教学活动带来了新的要求。要求教师课堂教学中要转变观念,具体体现在:要求教师从重视教师的"教"转变为重视学生的"学";从重视知识传授转变为重视能力发展;从重视教学方法转向重视学习方法的培养;从重视认知活动转变为重视人的发展;从重视学习结果转变为重视学习过程;从重视继承转向重视创新。

总之,教学是着眼于一定目的,在特定的环境中(通常是课堂),基于预成的课程框架,通过师生主体间的交往和对话,促进学生学习和发展的专门社会实践活动。新时代赋予教学新的理念,要求教学活动要重视学生"学"的活动过程;以促进能力,特别是学习能力发展为目的;重视师生间学习过程体验,鼓励创新。

第一节　影响教师教学专业的资本性因素分析

一、社会行动方式

每一个人在日常生活中都必须有能力行动,既有能力互动,还有能力理解行动的意义(布赖恩·特纳,2003)。在社会学发展的过程中,人的社会行动一直受到社会学家的关注,随着社会学研究的不断发展,对于行动的研究也在不断的发展。布赖恩·特纳(Bryan S. Turner)(2003)将社

第三章　影响教师专业资本形成的因素分析

会学家对于行动的研究分为两种取向，一些理论家将对行动者主观意义的理解作为出发点的理论取向。另外一些则从行为的具体实行、实施方式出发来对行动进行理解，形成实践取向。当然从社会学家对于行动的具体理论来看，这种区分显得有些生硬，因为从具体的社会学家的研究来看，对于行动的关注都起源于具体的研究问题或者主题。每一个理论视角的进入都会对某一类主题有较为突出的贡献，而对另外一类主题则显得薄弱。对于行动的研究从主观理论分类到行动与结构的结合再到对行动主体的理性选择的关注，每一个理论的提出都是在对之前理论的批判和继承的过程中建立起来。

马克斯·韦伯将个体作为行动的载体，认为个体的行动能够称为社会行动需要有两个必要条件，一是具有主观意义；二是指向他人并发生意义关联。韦伯将社会行动分为：传统式行动；情感式行动；价值理性式行动；目的理性式行动。对传统习惯的反应形成传统式行动，对情感刺激的反应形成情感式行动，价值理性式行动表现为对价值的追求，目的理性式行动则是行动者在对行动的目的、手段和结果之间的关系进行衡量后的理性行动。从韦伯对于社会行动必要条件的论述可以发现，社会学对于行动的关注更多地集中于目的理性式行动。这样，前一个行动的后果可能成为后一个行动的条件，并借此形成了行动间的意义脉络，这些有助于对行动者的行动的主观意义进行理解（顾忠华，2005）。

阿尔弗雷德·许茨和塔尔科特·帕森斯对于韦伯的行动理论进行了批判性的继承和发展。在《社会世界的意义建构》一书中，阿尔弗雷德·许茨对韦伯关于行动概念中所做的论述做了进一步的描述："我们可以把合理性的行动界定为具有各种已知的中介性目标的行动。由于这种有计划的活动被描绘成了已经完成的，所以它具有过去的时间特征。当然，一旦行动开始，这种目标便是行动者所希望达到的和所预期的"（阿尔弗雷德·许茨，2017）。许茨认为对于行动的理解要首先界定行动和行为之间的区别，这对于行动概念的理解至关重要。"我们认为，任何一种行动都取向它那相应的、经过设计的活动。"（阿尔弗雷德·许茨，2017）在此基础上许茨明确提出了他对于行动的核心概念，"按照我们的定义，任何一种有意识的、从自发性活动之中产生出来的、针对另一个自我的经验，都是社会行为。如果这样的社会行为是预先经过设计的，它就是社会行动。"（阿尔弗雷德·许茨，2017）许茨对于行动的概念做了进一步的完善，并在论述中强调了社会行动作为社会互动的基本分析单位的重要作用。

塔尔科特·帕森斯对韦伯的行动理论进行了扬弃。帕森斯认同韦伯关于行动是具有意志性和目标趋向性，但是他在对于社会行动的分析上放弃了韦伯分类方式而采用他自己提出的"单位行动(Unit Action)"作为分析的重点。在《社会行动的结构》一书中认为,行动的逻辑包括四个要素:行动者、目标、情境和价值规范。其中情境是指行动的发生的情境具有行动者可控和不可控两种表现形式。在塔尔科特·帕森斯的行动理论中,行动都与主观目的相关,这些行动中的自主意志使得行动中情境的可控因素(手段)和不可控因素(条件)得以区分开来,而价值规范作为行动者的主观要素对行动目标的实现起到调节作用。在此由于社会共同价值规范使得行动者的自主意志行动与社会秩序紧密相连(谢立中,2000)。

詹姆斯·S.科尔曼(James S. Coleman)的理性选择理论中认为行动者都是具有利益偏好的理性人,行动是基于行动者、资源、利益三个构成要素的基础上实现的。科尔曼在其《社会理论的基础》一书中明确指出其理性行动理论中的各种行动都是有目的的行动(詹姆斯·S.科尔曼,1999)。其行动理论逻辑中,最大限度地实现个人利益是行动的唯一行动原则。在此原则下,行动者通过对资源控制权的交换或赠予来获取利益(詹姆斯·S.科尔曼,1999)。

尤尔根·哈贝马斯(Jurgen Habermas)的行动理论关注人在沟通行动中对他人动机和意向的了解,偏向实践取向。在哈贝马斯的理论中,权力、劳动和语言三个要素相互作用并存在于社会文化生活中,其中语言是起到中介作用,劳动为目的合理性行动。权力由于意识形态的介入而形成,使人类的行动中表现出一种系统扭曲的沟通方式(谭光鼎、王丽云,2009)。

结构与行动成为一个不可分割的整体,是安东尼·吉登斯解决结构行动二元对立的理论尝试。以行动主体为核心,其行动存在于一定的时空情境中,结构既是行动的资源又是行动的动力。行动主体所掌握的资源通过系统和制度形成权力,对于权力的掌握会导致行动而不是意图。行动的意外性结果也构成了行动可能进行的新的条件。结构化理论为教育研究提供了新的理论视角,教师作为行动者,在教学活动中对于结构在教学行动中所产生的影响应该有更加充分的认识。

从以上对行动含义认识的理论发展脉络的梳理来看,行动的概念是从行动的意图中得出,对行动类型的描述也应该从意图中的逻辑推演出行动的一般性特征(郭强,2013)。行动本身具备的能动性、意图性、制约性和合理化,其分别指向了行动者在行动中的行动能力、行动条件、行动依据和行动后反思。在课堂教学中,教师作为行动者具有行动能力,依据行动条件和制约性因素来进行教学决策,以互动、协商的方式行动,并在行动合理化的驱动下反思。

第三章 影响教师专业资本形成的因素分析

行动者也是行动理论所关注的核心所在,行动是行动者的行动。无论是行动分类,行动者对于行动的设计,以及行动者的利益偏好等,基本上都以行动者作为出发点来对行动者自身与其他要素之间的关系来对行动理论进行论述。安东尼·吉登斯将行动者的存在地位于三种时段中。"日常生活流是行动者存活的基本形式,行动者的社会定位首先是同日常生活的活动联系在一起"(郭强,2013)。教师作为行动者,理应在日常教学生活的活动中对其行动进行考察,这是教师作为行动者存在的必然形式。

二、专业情境

行动的制约性因素较为多样,其中最基本的最主要的客观制约因素就是时间和空间。行动是在一定情境中的行动,对行动情境的构成要素以及各要素对行动的影响进行分析,应始于对行动者所处时空的认识。"空间和时间的经验在很大程度上是潜意识的。我们之所以有空间感是因为我们能够移动,而我们之所以有时间感则是因为我们像生物体一样会有反复出现的紧张感和放松感"(段义孚,2017)。

(一)空间

安东尼·吉登斯认为行动者所在空间具有三个向度,分别是:共同在场、区域和形体空间。共同在场来自互动环境中行动者对他者存在的意识,表现为面对面的互动。而共同在场则形成社会活动的区域化,往往有物理性符号作为区域的界限标志。形体作为某一物质的形式,使形体与他者及物理世界建立联系,是在场的感官依托。"如果我们寻找基本的空间组织原理,那么我们将发现两类事实,即人类身体的姿势和结构,以及人与人之间的关系"(段义孚,2017)。

在空间中有两个概念需要引起我们的注意,"宽敞"与"拥挤"。"宽敞"与空间相关,"拥挤"则与人口密度相关,二者表达两种对立的感受。空间充裕并不意味着"宽敞",较高的人口密度也不一定意味着"拥挤"(段义孚,2017)。空间上的"宽敞"与空间中的行动者在多大程度上有能力实现活动自由的感觉有关。"拥挤"的感受较多来自"人",人可以对自由进行限制,而物本身不会。物通常会被用来当作控制人自由度的工具。无论是空间中的行动者感受到的是"宽敞"还是"拥挤",这都意味着行动者在空间中经验了某些东西。共同在场的互动形成关系,在关系中收获感受、经验、知识,当我们将这一切以一个场域化的方式赋予符号表达出来,那么这个空间会成为承载行动者所有体验的"地方"。

(二)时间

安东尼·吉登斯倾向于将行动者的时间看作是事件从过去到现在的流动,并将时间划分为可逆时间和不可逆时间两种类型。对于行动者个人来说,个体生命的历时过程不可逆。行动者在时间中的行动是行动者以身体为基础的历时经验过程,身体的衰老不可逆。可逆时间有两个表现,一是日常体验的延续,二是制度长时段。安东尼·吉登斯对行动时间的划分,以行动者自身为参照,分为内外两个维度。首先,行动者个体自身所具有的时间具有不可逆性。其次,行动者之外的时间流是可逆的、循环的,具体表现在行动者体验的日常生活惯习和长期存在的社会制度结构。安东尼·吉登斯认为三种时间的差别,恰好反映了时间、行动与制度间的关系。个体生命时间,日常经验绵延和制度的长期存在是彼此互为结构、互为前提与结果。在这个统一的时间关联中,日常经验的绵延即是制度长时段的具体表现,反之,日常行动的制度化才是一个日常经验的绵延。人类自身的存在则是另外两个时间绵延存在的条件。行动在时间上的绵延意味着行动者的行动经验对日常经验的建构,进而对制度再生产。行动者们共同知识经验形成制度,经由日常经验影响具体行动者。三种时间性彼此共构、互为前提与结果(安东尼·吉登斯,1998)。

对课堂教学中时间构成的研究主要关注互动行为方式和时间分配上,对课堂教学的空间构成则从广义的课堂物理环境和狭义的课堂教学参与者人际空间形态(吴康宁,2000)。对于课堂教学中的时空关系研究,很少有从师生的个人经验的角度进行研究。教师与学生在课堂场域中进行互动,在"教"与"学"的过程中共同建构意义,体验教学生活。师生在课堂场域中的面对面交流,在时间流动的节奏感中体验教学,使课堂这个物理场所成为承载师生共同经验和感受的"地方"。课堂中的桌椅、装饰可以被师生用来塑造"地方"的工具,因此在课堂情境中,"人"的能动性尤为重要。从另外一个方面来说,课堂座位布局作为空间存在的先决状态,会对师生人际互动产生障碍,但是这种影响在行动者的眼中不具有决定性影响力。

从教学主体的角度,再次深入对课堂教学中时空关系进行思考,我们发现行动者的行动—结构,结构—行动之间有一个行动者的选择,这本身就是行动者之所以为行动者的第一条件能动性。例如:某一个教研室的

第三章　影响教师专业资本形成的因素分析

教师,在对其课程教学进行决策时,对既有教学文化、制度、惯习不论是互动协商后的拒绝、接受,或者改良,这都是行动者能动性决策。教师行动后的反思则进一步建构了教师的日常经验,进而对制度的时间延续产生影响。

(三)内容

本研究立足于社会学的相关理论,来对教育教学中的教师教学进行研究,因此对于"教学行动"这一概念的界定应该从其在社会学家的论述中开始。"行动"是社会学中的一个重要概念,马克斯·韦伯认为整个社会学研究就是理解人们社会行动并对其行动的原因进行探究的一门科学。社会学家对于"行动"经历了一个长时间的认识过程。从马克斯·韦伯对"行动"的定义和分类开始,经由许茨、帕森斯等学者的研究,对于行动的概念越来越清晰完善。一个"行动"通常具有行动者、行动意图和情境。吉登斯则进一步对行动的意外性结果和行动与结构之间的互构性进行了深入研究,另一方面阿吉里斯则从行动者的能动性角度将行动理论划分为"信奉理论"和"使用理论"两个维度。为了进一步完善对于"行动"的理解,我们将"行动"和"行为""活动"做一个比较分析。"行动"和"行为"在实际研究工作中由于二者都可以明显地被研究者所观察到,因此对二者进行区分是非常必要的。

"行为"英语对应单词为"behavior",基本意思是举止行动;指受思想支配,通过指向他人而表现出来的活动。"行为"作为一个心理学名词通常指人在内外刺激下的反应。"行为"作为一个社会学名词是指在一定的条件下,不同的人所表现出来的生活方式,在内外环境因素的某种刺激下所做出的能动反应[①]。从上述文字中我们可以看出"行为"一般是指可以被研究者观察到的人的行为举止,心理学通常将其用来描述刺激后的反应。"行动"英语对应词汇为"action",虽然其也是可以被研究者直接观察到的,但作为一个社会学研究中常用的学术词汇其概念中包含了行动主体的主观意图和意义,也包含了行动主体外显的表现和内在心理活动,因此研究者可以对"行动"的理由和意图进行追问。从"行动"的内涵来看,"行动"表现为一种在某种意图的驱动下,为达到特定目标而表现出来的连续行为状态,因此"行动"是在时间上的"行动",也必须具有"行动"的时间。从具体过程来看,"行动"结果的不确定性也使其自身具有多方关联的特点,这种关联性更加具体,也使得"行动"具有连续性和

---

① 《朗文当代英语辞典(第4版)》,北京:外语教学与研究出版社,2004。

综合性,形成"行动环"(郭强,2013)。"活动"之于"行动"相较于"行为"和"行动"更好区分一些。在学校中,教师和学生主要进行的便是教学活动。"活动"一词更加表现出了师生在教学过程中的客观表现方式,对这个概念我们无法从中建构研究的侧重点。无论是宣称教学活动是以学生为中心,教师为中心或者教材为中心的理念他们都是教学活动。对于本研究来说,教师是教学行动的主体,对于行动主体的彰显能够使研究更加聚焦。

马克斯·韦伯认为整个社会学研究就是理解人们社会行动并对其行动的原因进行探究的一门科学。社会学家对于"行动"经历了一个长时间的认识过程。从马克斯·韦伯对"行动的定义和分类开始,经由许茨、帕森斯等学者的研究,对于行动的概念越来越清晰完善。对一个"行动"的分析一般始于行动者决策,包括行动的情境和行动意图的分析,对行动过程中的互动、协商的分析,对行动后的反思,行动的意外后果的分析。吉登斯则进一步对行动的意外性结果和行动与结构之间的互构性进行了深入研究,另一方面阿吉里斯则从行动者的能动性角度将行动理论划分为"信奉理论"和"使用理论"两个维度。为了进一步完善对于"行动"的理解,我们将"行动"和"行为""活动"做一个比较分析。"行动"和"行为"在实际研究工作中由于二者都可以明显地被研究者所观察到,因此对二者进行区分是非常必要的。"行为"英语对应单词为"behavior",基本意思是举止行动;指受思想支配,通过指向他人而表现出来的活动。"行为"作为一个心理学名词通常指人在内外刺激下的反应。"行为"作为一个社会学名词是指在一定的条件下,不同的人所表现出来的生活方式,在内外环境因素的某种刺激下所做出的能动反应[1]。从上述文字中我们可以看出,"行为"一般是指可以被研究者观察到的人的行为举止,心理学通常将其用来描述刺激后的反应。"行动"英语对应词汇为"action",虽然其也是可以被研究者直接观察到的,但作为一个社会学研究中常用的学术词汇其概念中包含了行动主体的主观意图和意义,也包含了行动主体外显的表现和内在心理活动,因此研究者可以对"行动"的理由和意图进行追问。从"行动"的内涵来看,"行动"表现为一种在某种意图的驱动下,为达到特定目标而表现出来的连续行为状态,因此"行动"是在时间上的"行动",也必须具有"行动"的时间。从具体过程来看,"行动"结果的不确定性也使其自身具有多方关联的特点,这种关联性更加具体,也使得"行动"具有连续性和综合性,形成"行动环"(郭强,2013)。

---

[1] 《朗文当代英语辞典(第4版)》,北京:外语教学与研究出版社,2004。

微观方法的假设中包含了对于行动进行研究的内容性假设。日常活动构成了人们社会活动的基础,对教育的研究也应该从对日常活动的观察入手。日常活动中总是存在某种程度的自由,行动者的行动方式必然会受到背景因素的影响,因此意义对于行动者来说具有个人化特征,这也意味着行动者对其经验的反思是对行动意义进行分析的必要环节(在此基础上我们可以这样发问:一堂课中教师要做什么? 有哪些重要方面? 这样和学生互动的理由是什么?)。在日常生活中,行动通常是在与他人的互动中完成,行动者在互动中对自己和他人的行动赋予意义,并做出解释(教师行动前,必须对学生的行为做出解释,获得意义后才能做出行动)。对行动的分析包括对意义的解释,共同的理解和解释是通过意义的互动来实现(戴维·布莱克莱吉,1989)。互动和协商都是构成获得意义的持续性手段,而行动者对过去经验的反思则形成了行动的知识性基础。"反思性是行动和知识固有的属性,人们对反思性的讨论和探索伴随着知识发展的历程,同样也是行动者对行动过程的历史性说明"(郭强,2013)。反思不仅仅是行动的固有属性,同时也是行动的内容和经验内容。因此,行动是行动者依据反思的经验,在进行的活动中通过互动理解意义,做出决策的一个持续性过程。行动的阶段性经验又是通过行动者的反思构成行动的下一个意义基础(郭强,2013)。

三、其他因素

在社会学发展的过程中,对行动的研究也在不断发展。以对行动进行研究的逻辑脉络来对影响行动的因素进行分析是一个比较可取的路径。马克思·韦伯对行动的剖析奠定了其研究的逻辑基础。马克思·韦伯认为社会学本身是一门对社会行动进行解释性理解,并对其过程及结果进行因果说明的科学。"行动意指行动个体对其行为赋予主观意义。社会行动则指行动者的主观意义关涉到他人的行为,且指向其过程的行动"(马克思·韦伯,2005)。马克思·韦伯将社会行动分为目的理性行动、价值理性行动、传统行动和情感行动。马克思·韦伯对社会行动的分析命名中体现了对社会行动产生影响的几个因素,其中包括价值、目的、传统和情感。目的指对环境和他人的期待,价值指有意识地对特定行为的信念,可以归为行动者的观念。传统则指惯习,而惯习的发展则为制度或者文化。教师的身份、教学策略是通过与他们有重要意义的他人互动中建构起来的,教师与同事间的关系和互动成为教学工作文化的基础。安迪·哈格里夫斯(1975)认为教师文化具有内容和形式两个方面的内容。

教师文化的内容包括被特定教学共同体所共有:真实的个人态度、价值观、信念、惯习、期待和行为方式。通过不同角度的区分,教师文化在内容上还分为:学业基础文化、专业发展文化和科目文化。教师工作中的文化是由教师与其文化成员间的关系模式作为基础形成,并在互动中不断践行、传递、重新定义文化的内容和形式。安迪·哈格里夫斯提出教师文化的四种表现形式:个人隔绝(独立性)、小团体、合作和结构性(受框架性因素决定)。

阿尔弗雷德·许茨则从马克思·韦伯的行动指向他人出发,推进了行动研究的发展。阿尔弗雷德·许茨认为马克思·韦伯只关注了行动的主观意义,并没有对主观意义和客观意义之间的关系进行全面考虑。阿尔弗雷德·许茨在《社会世界的意义建构》中就如何对行动中主客观意义的综合考量进行了论述。阿尔弗雷德·许茨认为生活世界的结构体现在与特定社会场景的制度化联系中,人们之间可以互相理解,进而使行动具有意义。日常生活情境中,无论是作为情景化的经验还是类型化后的知识,都与行动构成关联性结构。

皮埃尔·布迪厄认为权威是行动的条件,教学的行动借由文化专断和制度化的学校教育强制实行为宰制阶级利益的行动。尤尔根·哈贝马斯认为除了基本旨趣外,人的沟通行动受到三种主观旨趣的影响:技术旨趣、实践旨趣和解放的旨趣。安东尼·吉登斯认为行动是一个连续的动态过程,日常世界中的经验通过反思形成知识,成为下一个行动的依据。兰德尔·柯林斯认为互动仪式的分析应该对个体所赋予的情感和意义符号进行研究,互动仪式、共同关注和情感能量,主体间的行动需要有情感能量作为仪式性的内在连带。

从主要社会学家对行动的关注中我们能够归纳出对社会行动产生影响的相关因素:知识(经验:日常经验和类型化经验)、情感(情绪)、制度(法定和专业)、文化(惯习)、权威(权力)、观念(信念或者旨趣)。

法国社会学家皮埃尔·布迪厄在其著作《再生产:一种教育系统理论的要点》中对教育中的符号暴力进行了论述。国内学者谭光鼎和王丽云也使用了相同的概念表达,并将其英语注为 pedagogical action。从皮埃尔·布迪厄对围绕这一概念进行的论述中,不难发现,其概念内容涉及教育的中宏观层面,即教育的学校及社会层面的论述。由于目前国际上对于教育一词的使用比较宽泛,英语中也存在多种的对应词汇,因此有必要对教学的英语词义进行理解,进一步明确教学在本研究中的概念。在教育的中文概念中,其有广义和狭义之分,广义的教育一般泛指一切有目的的以影响人的身心发展为目的的社会实践活动,狭义的教育通常是

第三章　影响教师专业资本形成的因素分析

指专门组织的教育,也即学校教育。在我国"教学"一词的含义较为稳定。从"敩"①字开始,教学活动就被认为是一种教与学不可分离的统一活动。《学记》中"教学相长"②则将教学活动描述为教与学的双向活动。从以上文中对于教学一词的解释来看,"教学"是以教为主体,教师根据教育教学目标,通过传授知识以促进学生整体发展的教与学相统一的过程,是包含在"教育"概念之中。在英语中,常用来指称教育教学活动的专业词汇常有四个,分别是:education, pedagogy, instruction 和 teaching。通过权威英语辞典③对于几个词汇意义、词源和用法对比的解释,这四个词汇在用法和概念范畴上有所不同。Education 通常是指在学校中的教学和学习的整体过程,也指某一学科领域的教学活动,概念覆盖面较为宽广,我国学者一般将其对应为汉语的"教育"。pedagogy 一词来自希腊语 pedagogue 通常指在孩子上下学途中带路的人。法国和德国学者经常使用 pedagogy 来指教学、教授和教与学,也指教育。对该词《朗文当代英语辞典》解释为对教学的实践或者教学的研究,《牛津英汉双解大词典》则认为该词指对某一教学方法或者教学实践的研究,也指某一学科或理论的概念,因此 pedagogy 在教学层面侧重方法论。研究者也通过《柯林斯大辞典》对 pedagogy 的概念进行比对,发现 pedagogy 一般指对于教学原则和方法理论的研究。instruction 的原义主要表达命令和信息的传达,在教育领域中,该词较多用来表达讲授、指导等概念。研究者认为《朗文英语大辞典》的用法说明中对于 teach 和 instruct 的对比分析具有较高的参考价值。teach 是一个常用词,用来表示帮助某一个人或者某群人来学会某事。instruct 较为正式,指向某一个人或者某群人传授知识,却不能肯定是否有收效④。《朗文当代英语辞典》中则认为 instruct 用于指某一技能或者学科的教授,带有指示、传达的意思。另外的几个与教学有关的词汇中"learn"指学和教的统一;teach 则侧重于教师通过语言和展示而进行

---

① 《尚书·兑命》中有"敩学半",通常被学者解释为教中有学,先学后教的教与学不可分离的过程,由学至教,由教反学的一个动态过程。
② 《礼记·学记》:"虽有嘉肴,弗食,不知其旨也;虽有至道,弗学,不知其善也。是故学然后知不足,教然后知困。知不足,然后能自反也,知困,然后能自强也。故曰:教学相长(促进)也。"《兑命》曰:"敩半"。
③ 研究者选取《朗文当代英语辞典(第4版)》《新牛津英汉双解大词典(第2版)》作为工具书。教育词汇在人类生产生活中具有较强的稳定性,且这两本工具书具有较高认可度,因此被研究者选为相关信息来源。
④ 《朗文当代英语大辞典》,北京:商务印书馆,2004年,第1805页。

的活动,也指教师在帮助学生学习的一项工作[①]。teaching 和 learning[②] 通常共同出现来表达教学活动中的"教"与"学"的两个方面的有机结合。从上述论述可以发现,教学是被包含于教育之中的一个概念,常用来指称教师的实际教学工作,并与学生的学密切相关。

教学和育人是一个有机的综合的活动过程体,其中育人的目标则较为抽象,其指向教育的终极发展预期。教学活动作为学校中指向学生学习和发展的一个社会性行为,其各个阶段的目标都指向这个终极目标,但却并不一定会在教学活动中完全达成。教师在教学活动中,对教学目标的达成过程中所采取的教学行动,以完成某一阶段教学内容为目标,并指向终极教育目的。教师作为教育教学活动中的能动者,首先是具有行动能力的行动者,对于教学目标有清楚的认识且一切行动指向教育的终极目的。教师是在教学互动中通过教学行动来实现教学目标或者趋近教育目的。教师的教学行动的直接指向是学生的学习效果,以及阶段性的育人目标。

第二节 教师课堂教学行动所面临的现实情境

一、观念层面

教师通常不使用他们所接受的职业训练所得来对其教学行为进行解释,而是使用一些深深内隐于其个人经验基础上的理念作为参照。这其中包括教师对于教育目的的个人信念、对学习者和学习状态的信念、对教学行为本身的价值期待、对师生关系和角色的判断、自身学习体验等。教师在课堂中依据这些内隐的参照体系,对教学中的情境做出反应。然而教师的每一次在其内隐的参照体系指导下的决策、体验,又对其框架体系起到了调整或者强化的作用。由于教师的教学行动非常依赖具体情境,

---

[①] 《柯林斯大辞典》中解释为"teaching is the work that a teacher does in helping students to learn"。
[②] 也有西方教学论的著作中,特别是二语习得的相关著作中提及 acquisition。acquisition 通常翻译为"得",其与 learning 的区别被认为表现在三个主要方面:一是 learning 侧重有意识学习,acquisition 侧重潜意识或者无意识;二是 learning 在语言学习中指无目的语境的语言学习,acquisition 则有目的语境;三是 learning 的注意力投入大于 acquisition。从语言学习理论中可以看出教育学者对于 learning 的理解。

第三章　影响教师专业资本形成的因素分析

反映了个人的独特经历及其对经历的理解,因此这些一般被认为不具有普遍性。但从一个较长的教师职业生涯的角度来看,特别是在多种因素的影响下,教师这种内隐化的观念系统还是具有一些普遍特征。

在教师专业发展中,教师已被认为是具有能动性的行动者。教师与同事分享个人的经验、反思、实践、行动的解释、信念、观念等已成为教师专业发展中珍贵的资源。在研究中要特别关注教师对其工作中所做出的隐喻性表达,这是内隐于教师行动中,且对其行动方式所做出的较为综合性的概念表达。

Willard Waller(1932)将教师的工作描述为传递核心文化价值观,并以此为确切的教学观念指导具体教学实践工作。建构主义观念认为学习是在特定社会文化背景下通过人际沟通实现意义、知识建构的过程。建构主义的观念系统渗入到了教学实践的每一个环节,并对教师的教学工作产生影响,教师的知识观、学习观、课程观、教学观、学生观和教学模式都受到了极大的影响。本研究关注教师的课堂教学行动,因此教师所持有的学习观和教学观是本研究关注的核心,这并不是说其他几个观念方面不在关注范围内,只是这两个方面对研究主体更贴近。建构主义认为学习是个体建构意义形成知识的过程,学习是主动的。因此教学主要是要让学生成为学习的主体,注重情境、互动、协商和反思在指导教学中的重要作用。教学观依托于学习观,教师自身学习过程中的个人学习经验以及他人成功学习经验,都形成了教师对学生学习应然状态的信念,这种信念指导教师在课堂教学中采取行动。本杰明·布鲁姆提醒我们要关注教师在教学中所持有的暗示性观念,特别是来自教师自身经验的那一部分。

教师对学科本身的观念以及特定知识学习方式的观念对其教学有着明显影响。对于学生学习和教学的信念影响着教师的教学决策、互动方式,甚至是进行教学反思的出发点都受到教师所持有观念的影响,因此对教师观念以及由此形成的稳定的观念系统进行研究,对探索教学行动背后的动因有重要意义。长期以来国内大学英语教学争论的焦点就在于学科本质上,这在所有的语言类教学活动中是一个普遍现象,这种现象与语言自身的特征密不可分。2015年的《大学英语教学指南》中明确了大学英语教学兼具人文性与工具性的双重属性。作为大学通识教育的一个重要组成部分,对大学英语教学中的人文性进行研究必然是大学英语教学中的一个重要方面。大学英语教学本身就是一个文化实践的过程,虽然东西方对于优秀文化在表述方式上有所区别,但是核心理念是一致的。从文化实践的角度重新审视大学英语教学活动具有重要的理论和实践意义。在大学英语教学中，认为教育有利于发挥语言教学的自身优势，并有利于学生在学业发展和情感发展之间形成良好的互动，进而推动知情互促。大学英语教学需要从一个新的视角来对教学内容和方法进行深入的探讨，英语作为文化的载体，其承载内容并不一定非英语文化不可。随着中国人国际交流机遇的不断增加，每一个英语学习者也同时承担着中国文化的传播义务，因此英语与本土文化的结合也是目前大学英语教学的一个关注维度(谭建慧、刘明东，2016)。因此在课程设计、教育目标、教材编撰等方面注重文化的重要作用，特别要注重文化实践的教学行动，从实践层面变革教学观念、构建新的教学方式。教师要作为文化理解的反思性实践者来对学生的文化主体身份在教学活动中的意义进行理解(程良宏，2017)。

从皮埃尔·布迪厄的惯习理论来看，(董静、于海波，2015；李伟、李润洲，2010；郭维富、冬青，2013)对教师在实现预期教学价值追求中主动性教学惯习的形成以及学生学习惯习的培养进行了研究。潘朝阳(2012)从场域与惯习的理论角度，探讨了在新课程改革中所产生的文化认同困境。此类研究主要从惯习的理论角度出发，虽然考虑到了教师在既有结构中能动性的问题，但是还是局限于在既有结构下的教师惯习的形成以及对于新的场域的认同，对于教师既有结构的拒绝或者反抗没有做进一步的深入挖掘。柳夕浪(2004)在研究中认为教师在长久以来的教学历史经验中所形成的教学惯习，对教师在不断变化发展的社会中的专业发展不利。其应在新的社会要求下，对教学专业进行深入反思，建构新的专业自觉性，以动态发展的视角来看待教师的专业发展。许国动(2017)在研究中认为应该以大学教师教学在向教学信念和教学策略转化中的相互惯习为依据，运用实证研究和扎根理论方法，建构具有本土化意义的大学教师角色身份认同理论体系。

二、实践层面

本节用信奉理论和实践理论作为论述的开端。克里斯·阿吉里斯(2012)在《行动科学》一书中认为"行动理论缘起于这样一个概念：人们是自己行动的设计者。行动者根据自己的目的来建构行动意义，并借此理解所处的环境，这些意义的建构反过来又指导了他们的行动"(克里斯·阿吉里斯，2012)。克里斯·阿吉里斯的行动理论中认为行动的逻辑假设为："在 S 情境中，若要达到 C 结果，便必须执行 A 行动"(克里斯·阿吉里斯，2012)。克里斯·阿吉里斯将行动理论分为两类："信奉

第三章 影响教师专业资本形成的因素分析

理论"和"使用理论"。前者指行动者自我秉持并遵循的行动理论,与个体自身所信奉的理念和价值观有关;后者则是指行动者从实际行动所积累的经验中所得出来的理论,这种理论只能通过对行动者的实际行动进行观察才能把握。两种行动理论在实践中有可能一致也可能不一致,行动者能够意识到自己对于行动的信奉理论,但是对于使用理论则不一定能够意识到。行动理论中信奉理论与使用理论有助于改善教师教学行为,提升教师对于学生主体地位的认知,有助于提高课堂教学的质量(王姣姣,2013)。课堂教学是一个师生双方互动的过程,因而从学生的视角来对课堂教学中有意义的体验进行研究,可以促进教师专业实践理论的发展,提升教师课堂行动。Reetta Niemi, Kristiina Kumpulainnen 和 Lasset Lipponen(2015)的研究发现,学生在觉得自己能够完成某项任务、解决问题并创造"产品"时,会认为所处学习情境是有意义的。该研究还发现归属感会使学生对学习情境高度投入,甚至对学生在学校学习时间和空间的利用产生影响。对教师课堂教学中所采取的行动进行研究,课堂教学情境的意义是由师生双方共同建构,因此以促进学生发展为目的的教学实践活动,就不能不听取学生的"声音"。

安东尼·吉登斯的结构化理论缘起于对传统社会学理论的批判。首先,安东尼·吉登斯认为功能主义与结构主义在强调社会结构的客观实在性并强调其对人作为个体的巨大影响的前提下,几乎忽视了人的主观能动性。然而现象学等具有主观主义色彩的社会学派别又过于忽视结构和制度。因此"结构行动论"就是安东尼·吉登斯在对之前社会学理论流派的扬弃的基础上提出来的。

社会科学研究中,行动和结构一直是核心议题。在对这一对关系的理解上,安东尼·吉登斯认为,社会行动者与结构之间具有互构性。在社会不断的结构化的过程中,人在发挥主观能动性的同时也在受着客观存在的影响。人在社会行动中通过不断的实践来发挥能动性,却又不断地创造着这些能动性能够复现的前提。当这些前提被社会成员所接受后,即成为行动者对社会的知识,并对其行动产生影响。在这个外化—客观化—内化的不断循环过程中,结构和制度在不断地被创造。

安东尼·吉登斯的结构行动论所呈现的逻辑有以下几个方面。首先是社会行动所赖以存在的三个维度:时间,空间和结构。在既存结构中的社会行动必然处于一定的时空中,而对于结构中行动者所在的时空的把握意味着对于结构中权力的掌控。其次,权力与行动有着密切的关系,权力并不一定带来压迫,相反权力也可以带来自由。在互动中,主体或者群体间的互动的规律化关系有赖于权力在结构中所形成的宰制作用(安东尼·吉登斯,1998)。在上述两个前提条件下,结构行动论的最主要部分涉及三个方面的综合表达。在安东尼·吉登斯的理论体系中,行动、行动的主体和结构三个概念共同组成了一个关于结构与行动关系的概念体系。任何的社会行动都不可能脱离行动主体而存在,行动以一种连续不断的绵延的状态连接了主体与客观世界行动主体。行动主体在对自身和外在社会环境的认识基础上形成行动计划。在结构化理论中,安东尼·吉登斯实际上表达的是行动者自身经验和知识所形成的结构基础上,结构化的行动。吉登斯在其论著中表达了与以往社会学家不一样的行动观。他认为行动主体的行动与行动主体所具有行动权力密切相关。吉登斯认为行动的意外性结果恰恰是这一理论的良好佐证。在行动主体具有执行某种行动的权力,能动性是行动主体自致的权力,然而行动的结果却并不在行动者掌握之中。行动的意料之外结果也恰恰会成为下一次行动的未知觉的条件(安东尼·吉登斯,1998)。与行动一样,结构也是社会理论中的焦点话题。在结构化理论中,安东尼·吉登斯将结构定义为规则与资源的集合。规则可以是存在于行动主体脑中的经验、体验,也可以是程序化的规则。资源则是行动主体所掌握的权威或者具体的物质形式。

安东尼·吉登斯的结构化理论将结构与行动成为一个不可分割的整体,是吉登斯解决结构行动二元对立的理论尝试。以行动主体为核心,其行动存在于一定的时空情境中,结构既是行动的资源又是行动的动力。行动主体所掌握的资源通过系统和制度形成权力,对于权力的掌握会导致行动而不是意图。行动的意外性结果也构成了行动可能进行的新的条件。

结构化理论为教育研究提供了新的理论视角,教师作为行动者,在教学活动中对于结构在教学行动中所产生的影响应该有更加充分的认识。以自身的知识经验作为其教学决策和行动的依据是教师必须学会并掌握的(李·S. 舒尔曼,2014)。教师在教学活动中天然具有权力,而权力作为事情得以完成的媒介,并不总是带来压迫和强制,也可以带来更多的行动选择。教师作为教学行动者所具有的知识、经验作为其行动资源,对于制度规则的掌握集合成结构。教师的教学行动,并不能仅限于对于既有结构的遵守,不能只看到教学中资源、规范、规则对于教学的规制作用,也应当积极地发现既有结构中的能动性。教师对于教学权的使用不仅仅是为了对教学规则的捍卫,也意味着教师有能力和条件和学生进行"权力共享",毕竟相对于学生来说,教师对于规则和系统的认知要更为全面,行动的权力也赋予教师正确行动的责任。放权也是一种权力,将权力进行分配也是一种权力,这都导致教师的教学行动的发生。当然,结构化理论有

第三章 影响教师专业资本形成的因素分析

其在教育教学中应注意的地方。首先,结构化理论特别强调行动主体的能动性。在当下的教育改革中,学生的主体性越来越受到重视,但是我们在实际教学中不能矫枉过正地一味要求教师还课堂给学生。教师采取行动引导学生发挥学习中的主观能动性是教师对结构的合理利用,将结构作为行动的资源展开合理的教学行动。这部分提醒我们在研究教师的教学行动中,要特别关注教师在面对专业领域之外的结构性力量时的表现。其次,结构化理论认为行动的意外性结果也会构成下一次行动的条件,但是这需要教师具有一定的教学机智和教学应变能力,因此需要我们结合专业资本理论对教师的专业素养进行深入的探讨。

皮埃尔·布迪厄的理论也给我们对于教学行动研究提供了一个非常有实际价值的切入点。他将行动置于社会实践的角度进行理解,运用场域解释了行动在利用资本进行行动时的作用范围,而惯习则反映了行动者对于资本的使用方式以及行动者所受到的客观条件的限制及其对客观情境的理解。当然在布迪厄理论体系中,资本尤其是文化资本的符号化作用也是对行动产生影响的关键因素,这将在后面章节中结合教师专业资本进行论述。

在针对教师的教学活动的相关研究中,研究者大都使用"场域—惯习"理论对教师在教学行动中的行动原因、动机以及相关限制性条件进行分析。"场域—惯习"理论为教学活动的相关研究提供了一个可以依赖的研究视角。在这个研究的界限之内,学校、课堂及一切师生共同在场的场域都被纳入了研究范围。在具体的研究中,有研究者(刘焱,2007;李松林,2010;刘径言,2011;王慧,2008;罗慧,2016)将教学场域概念界定为师生关系,以及师生产生关系链接的客观场域如学校、课堂,这无疑将教学场域本身局限于一个闭合的关系网络中。教师作为教学活动中的行动者,其教学行动也受到多方资本来源的影响,虽然最终的行动指向学生,但其教学资本的掌握也来自更为丰富的社会关系网络,因此对于教学场域有待更全面理解。潘婉茹(2014)从学校场域的构成入手,更进一步地将学校场域分类为行政场域、教学场域等子场域并对场域之间的权力边界和不同惯习所导致的不同行动逻辑进行了研究。认为教师应该适应新时代的要求,打破传统的教师惯习,建构教师专业共同体。周玉、容沈红(2015)将大学教学中的同行评价作为一种关系场域,从教师的自主性、惯习、资本方面探讨了同行评价制度发展。此类研究都将学校、课堂作为教学活动所在的主要场域进行相关研究,关注的焦点在于教师在已有的直观场域中所具有的权力和专业发展。此类研究中对于教学场域的划分仅仅局限于课堂或者教室这一场域,这显然对于教学场域的界定是不够完善的。教师主要的教学活动场域在教室,很多可以直观观察到的教学行动也在教室之中,然而教学行动的活动场域却又明显不仅限于课堂。行政场域给我们提供了一个结构化的视角,然而对于教学场域的关注,则有助于我们更好地把握教学行动的情境因素。

另外一些研究者将场域定义为一种教学或者教学相关的行为组织方式,并结合惯习理论对在这子场域中的教师教学进行了研究。曾明星、李桂平、周清平、颜一鸣(2015)以翻转课堂的个性化教育特点为切入点,认为翻转课堂作为新的教育子场域,其成功与否与该场域中教师新的教学惯习形成有很大关系。该研究明显将教师置于新的教学组织形式和场域结构中,对教师教学惯习的形成进行研究。在布迪厄的场域—惯习理论中,既有结构给予人的塑造作用而形成的惯习一直受到研究者的质疑。教学任务可以促进教学行动的完成,而教学任务和教学设计通过灌输的过程,以符号权威的方式强加于教师并形成制度化的教学系统。这样的研究中我们看不到作为教学行动主体的教师对于结构进行抗拒的能动性,也无法找到教师在突破既有结构中所展现的能动性和创造性。

从已有的研究来看,首先,"场域—惯习"理论在教育教学领域的研究中的使用还处于一种较为单一的状态,较多地将该理论应用于对教学现场和物理空间的研究领域,并缺少对于理论的反思。对于"场域"和"惯习"两个概念的理解上也还有不足的地方。其次,教学活动的发生场所主要在学校、课堂之中。从社会学视角来看,学校、课堂和教室并不是教师和学生之间形成教学惯习的必要条件,但是惯习对于学校活动有着较为直接的影响。最后,此类研究对于大学层次的教学关注较多,但实证研究以及针对具体学科教学的关注较少。教师的教学行动依赖于其与学生所构成的社会关系,而行动的资本则来源于教师与其他社会成员(包括学生)之间关系。从这一理论视角出发,这会使研究者对教师的教学行动这一连续状态下的复杂社会行动的认知更加全面、准确。

三、框架性因素

前面两个小节分别探讨了课堂教学中教师自身所具有的观念以及教学实践方式与教学行动的关系。在这一小节中,主要关注对教师教学具有约束性的因素。对教学活动产生影响的因素,研究一般认为是那些发端于教学评价的因素。研究者深入研究后发现,除教学评价还有其他因素对教学过程有着影响,总结为:物质和行政的、法律的和课程的三个方面。首先,物质和行政的框架一般被认为是约束整个教育过程的。其次,

第三章 影响教师专业资本形成的因素分析

课程框架主要以教学大纲,教科书以及其他教学材料的方式表现。巴兹尔·伯恩斯坦对课程作为框架性因素所起到的作用做出了重要研究。最后,本研究聚焦于课堂教学层面的教学行动,因此法律性框架因素——对教学实践过程进行规范的因素,成为关注的焦点。Willard Waller 对于影响教师教学实践的框架性因素有较为深刻的论述。Willard Waller 的论述是从教师对于所处情境的隐喻性认知开始。Willard Waller 认为个体对所处情境的定义来自三个方面:理解结构、行动指向、受组织和结构影响的态度和行为。教学情境的定义则有三种来源:师生共识、教师作为社会和专业代表做出的定义、学生依据自身体验定义。无论哪一种对教学情境的定义方式,都反映了教师和学生、教师或者学生对于其共在情境的认知。

皮埃尔·布迪厄的研究对我们进一步理解框架因素在教学中产生影响具有指导意义。首先,物质和行政的框架一般被认为是约束整个教育过程的,本研究主要探讨教师在课堂教学层面受哪些框架因素的制约,因此具有决定性作用的制约因素在考察范围内。其次,课程框架主要以教学大纲,教科书以及其他教学材料的方式表现。对于大学英语教师来说,课程层面的是已经存在的结构,也不符合本研究的考察范围,因此虽然巴兹尔·伯恩斯坦对课程作为框架性因素所起到的作用做出了重要研究,但与本研究的考察并不匹配。

法国社会学家皮埃尔·布迪厄提出的场域—惯习理论,并力求用客观的方式来对人类在日常生活中的行动作为等进行分析,也包括人的教育活动。他经常使用的概念有:惯习,资本,场域。首先,皮埃尔·布迪厄(1998)定义场域为一种客观的关系网络,或者一种描述各种客观位置之间存在的布局。进一步解释为在不同的权力分配结构中,那些客观存在的或者潜在的不被人察觉的处境,以及位置和位置之间的客观关系(皮埃尔·布迪厄,李猛、李康译,1998)。场域是一种叠加的空间结构也是不同权力之间进行斗争的领域。在场域中可以充分体现出资源分配的权力关系和不同资本[①]间的争夺。在教学活动中,我们可以进一步从教师的具体活动空间和所处的关系网络入手对教师的教学行动场域进行划分,并以此为依据对教师作为行动者所具有的权力关系和资本的分配进行深入研究。其次,惯习对应英文单词为 habitus[②]。一旦某些制约性条件和我们的生存条件紧密发生联系时,就会生成惯习。而这种潜在的行为

---

① 在皮埃尔·布迪厄的理论体系中与场域概念紧密相联的概念是资本,权力关系的体现和维系基本上依赖于以场域为基础的资本分配。
② 也有中国学者翻译作习性,如:蒋梓骅。

倾向既具备持久性也具备可转化性（皮埃尔·布迪厄，蒋梓骅译，2003）。一旦行动主体接受了"先在结构"中的价值观和特殊经验后，那么行动者就在"外化""客观化""内化"①这三个连续的辩证过程中形成"惯习化"（habitualization）②。"先在结构"中的价值观和特殊经验进行着稳定的发展，惯习在功能上成为一种"展开着的结构"③。

教师作为社会代表者或同事是每个教师每天在教学活动中所扮演的双重角色。从某种程度上来看，教师在学校中的工作伴随着双重角色的不断转换（吴康宁，1997）。整个教学活动中，教师与学生的互动主要体现为作为社会代表者的角色，与同事之间的互动则体现为同事的角色。师生互动过程受到多种因素的影响首先是教师对于教学情境的界定以及学生对于教学情境的界定。不同角色之间的期待所产生的碰撞也会引起角色认知之间的冲突。因而就会出现教师与学生在互动过程中的角色调整（吴康宁，1997）。教师在对学生与自己的互动体系以及行为做出反应并不断理解和解释的过程中形成对学生新的经验性认识，从而修正自身对学生的期待或者要求。与此同时，学生也在修正并形成对于教师角色的新的经验性期待。因此虽然师生互动属于差异性互动，但首先师生互动过程是师生双方相互界定并调整的过程；其次，这是一个动态的过程，师生双方在不断解释中形成新的认识并采取相应的对策（吴康宁，1977）。

另外一种教学中由于教师角色所产生的互动是教师作为同事角色的同质性互动。教师们在与同事共同思考各自不同的教学方式中，通过讨论来批判和接纳他人的教学方式，对于不同观点的探讨激发了改变（保罗·克拉克，2004）。教师与同事之间的互动使得教师的"教"获得新的教学经验，并将其他同事作为自身教学行动的社会和人力资本，这有助于教师对教学互动做出正确和全面的评估，从而在教学中采取不同的教学行动。

对教师角色和教学互动的研究大多使用符号互动的理论视角，教学过程中的师生关系是通过彼此间的符号认知形成的，师生冲突则表现为教师对于丰富的符号资源下的对学生符号的控制，也体现在师生双方的

---

① 彼得·伯格和托马斯·卢克曼提出这三个连续的辩证过程是惯习化的形成的典型行动过程，这个行动过程会导致制度化。
② 所有人类的活动都会受到惯习化（habitualization）的影响，任何一种活动，只要不断地重复就会形成一种模式，可以较为经济省力地进行再重复，并可以被行动着所理解（彼得·伯格、托马斯·卢克曼，2009）。
③ "现在结构"的英文为 structured structure；"展开着的结构"的英文为 structuring structure。

第三章　影响教师专业资本形成的因素分析

自我概念和对方期待角色之间的差异性。教师作为教学的主导,应该有能力依据教学的实际情况来对自我和学生的教学符号的理解和调整,来消解师生冲突(周琴,2017)。符号互动论强调人们在理解他人角色的过程中不断完善认知,而课堂作为教师和学生共同的表演舞台,良好的师生互动有助于教师激发学生学习的主动性和积极性(宋丽范,2007)。我国大学英语教学不断强调和突出学生在学习中的主体地位,然而传统的教师角色认知将教师作为大学英语教学的中心,学生处于被动的学习状态和角色地位。田海珍(2012)通过实证研究的方法对传统课堂教学中师生关系中所存在的问题进行了实证研究,揭示了教学活动中的教师话语霸权现象对于传统课堂教学方式的塑造作用,并对师生关系调整提出了建议。

国外对于人际关系的研究中有大卫·哈格里夫斯(David Hargreaves)的著作 *Interpersonal Relationship and Education* 具有一定影响力。大卫·哈格里夫斯从符号互动论的理论视角发展出了一个对师生关系进行研究的理论框架,对教学活动中的社会互动进行了分析,包括角色认知和概念理解。他在他的具有连续性的理论框架中对师生之间的角色期待和人际关系进行了深入的分析,具有很高的实际意义。大卫·哈格里夫斯的分析框架不但对于教学中的师生互动有重要的参考价值也对于教学中的课堂纪律研究提供一个思考的框架体系。运用教育社会学的理论并注重实证的研究范式来对学校教学中的人际关系进行研究一直是国外教学研究的特点。有实证研究发现学生在与导师之间的关系中也体现着不同的教学效果,有研究认为高度受教师关注的学生比低受关注和无导师学生在社会适应方面表现更好。低受关注的学生和低自主学习的学生在大学中表现出了较低的学术和情感调试能力,且比无导师组学生、高受关注组、高自主组的学生表现出了较低的学业水平(Simon Larose,George Tarabulsy and Diane Cyrenn,2005)。教师与同事之间的互动研究中,教师与同事之间的集体责任感起到了重要作用,并能够促进新手教师与老教师之间的沟通合作和互动的效果,有助于新手教师对教学问题的解决和专业发展(Hong Qian,Peter Youngs and Kenneth Frank,2013)。

对于教学方法和教学方式、策略等在教学实际中的实然情况缺少实证研究,明显体现一种宣传和理论反思的倾向。对于教学活动的成败,具体的教学方法和教学方式并不是决定性的因素。教学互动的有效性取决于教师和学生间"知、情、行、意"的相互作用。无论是学校还是课堂的教学活动都是具有一定社会性特征的活动场域,离开了教育教学的社会学情境来对教学方式、方法、策略和教师专业发展进行研究,似乎很难触及教育教学改革的实质层面。

其次,我国对于教学的研究对教育理论、政策和改革的执行情况方面关注较多。有学者认为,教学改革一直以来是处于国家社会发展需求和教学自身规律的碰撞之中,但是这样的看法明显将教育教学活动的主体教师和学生的角色物化。似乎在这个改革过程中,教师和学生都是被动的接受者,没有权力对知识和学习发表看法。在新时代的发展下,教师在教育教学活动中的重要作用不断凸显,教师作为教学主体中的主导一方,其自致的权力特点和专业性的职业特点决定了教师在教学实践中的重要作用。彰显教师的教学专业权威及其教学行动的重要性是一个专业性的理念回归。在教学活动中教师和学生之间的教育教学生活才能够有一个鲜活的体现,并真正地保证学生的学习。因此对教师的教学行动进行研究,有助于我们对教学活动当下的实然情况进行理解,并将教育教学研究的核心回归人的本质。

第三节 教师教学专业发展影响因素的实证分析

教师的每一个专业行动,都受到一些因素的影响。这些因素可能是教师所持教学理念,也可能是教师在与他人讨论、交流后获得的经验,或者是以一些政策、制度文本或者专业教学惯习。教师的教学行动所面临的现实情境主要涉及来自实践、观念以及框架性因素三个维度相关因素的影响。这三个方面相互渗透、相互影响。

一、教学情境方面的制约因素

教学方式的差异。教师在进入大学从教的适应过程中形成教学风格转变。大学生自我意识非常强,而且大学生的学习观也与中学生差别很大。大学生思想成熟很多,自我意识更强。大学教学对教师自身业务能力要求也在不断提高,只有扎实的语言基本功是不够的,还需要有更新的教学理念、知识传授方法、课堂管理方法,因此大学工作让很多教师很难轻易体验到工作的"成就感"。

中学老师就有点像家长,需感觉各方面上要统领他们,要不他们就走偏。但是到了大学,上课的时候才能接触学生,课下也找不到他。当了大学老师以后,反而觉得好像没有之前的那种成就感,甚至有时候会觉得,在教学上需要改变的地方很多,以学生发展为目标还有许多可以做的事情。

教学节奏的差异。"教学节奏"这一概念来自段义孚(Yi-Fu Tuan)在《空间与地方:经验的视角》一书中对于时间与空间关系的探讨。段义孚认为,时间在人类的观念中是一种流动,而空间则是这种流动的暂停,当时间流暂停的空间被人赋予意义后,空间成为"地方"。安东尼·吉登斯对于行动者所在时间的论述中认为,时间可以分为个体生命流动的不可逆时间,制度长时段和日常经验成为的可逆的时间。教师个体的生命时间是延续的,教师日常教学活动的发生以及对教学做出规定的制度则都是在时间流上的暂停,教师日复一日在教室中按照制度规定从事教学工作,这就构成时间上的教学节奏。而教学时间或者教学节奏上的"快"与"慢"是一种主观上的时间体验。在课堂教学中,师生共同主体的理念提醒我们,课堂中的时间体验者,不仅仅有教师,还有学生。教师和学生在学习中节奏的统一是理想状态,而两种节奏体验的差异性则是普遍存在的。教师对学生学习节奏所抱有的信念和学生学习节奏实然状态形成教学行动的潜势。大学教师的教学节奏和学生的学习节奏也会有很大的差异。这个差异要比中学的大且明显。大学教师在课堂上的教学节奏、时间把控要比中学难。教师的"教时"和学生的"学时"间的差异要比中学更加明显。多数教师认为原因就是上大学后,学生的学习观念发生了很大的变化,对待学习这件事上的态度和中学生大不一样。中学生还是有升学考试的压力,学生会在学习上更加愿意配合老师,去学习知识。大学生就没有那么大的压力,而且刚刚从一个高压状态解放出来,再回到中学那个状态是他们不愿意做的事。

大学课堂教学所呈现出来的课堂教学样态与中学截然不同,从以上影响教学情境的因素来看,大学的课堂教学中所受到的情境性因素则更加贴近社会性特征。例如,影响大学课堂教学的各种情境性因素中,物理因素的影响则比中学要弱,大学生在课堂学习中对于座位的选择以及课堂学习位置的选择拥有比中学更多的自主性;课程教学及考核等框架性因素则更多的表现为一种社会行为的指导功能,而非侧重规训。大学的课堂教学节奏相对于中学来说更加具有互构性特征,而中学则更加侧重内容安排的规范性和秩序性。从以上的综述来看,中学课堂教学和大学课堂教学所受到的情境性因素影响类型趋同,然而其情境中的具体表现样态却呈现出不同的程度。从教育社会学视角来看,我们认为大学的课堂教学更贴近社会情境,因此其教学活动所受到的情境性因素的影响更类似于人在社会生活中的一种状态,而中学则更侧重较为严格的规训。

情境性因素对于大学课堂教学和中学课堂教学的不同影响，恰恰反映了教育教学中对于促进个体社会化的不同阶段。

空间因素。秧田式的座位空间布局对践行新的课堂教学理念有很大的制约作用。从国家到学校，再到学院的教学改革文件都大力倡导以学生为主体，让学生在真实交际中学习语言，可是秧田式的空间布局明显是为了监控学生学习，而且学生的互动对象基本上都是面向教师（图 3–1、图 3–2）。

外国语学院专业及大学英语研讨会总结

在 2018 年 9 月审核评估之后，外国语学院进行了短期的工作部署，结合评估专家的反馈和学校评估大会的总结，主要进行了针对专业发展的大讨论。外国语学院分系部针对英语专业、商务英语专业、翻译专业、日语专业、大学英语教学进行了研讨，历时 2 个月。各个系部在系主任的带领下，在大会之前进行了充分的讨论。对本系不的现状进行了总结。从教师、教学、课程、科研、学生等方面进行了分析，在看到优势的同事，重点分析了存在的问题，讨论了解决的办法与措施，聚焦了各个专业培养方案的修订问题，明确了下一阶段的工作重点和目标，统一了思想，凝聚了精神，为下一阶段的工作奠定了良好的基础。

几点共识：

1. 教师缺编，应继续引进。我们的现有老师整体来讲结构还可以，但教授少，博士少，高水平科研产出困难，应该加强团队建设。我们在岗的教师还是非常敬业的，在想尽一切方式方法，提高学生学习的兴趣。不过，可以在管理上、方式上多改进、多创新、多教导学生在学习方面的投入。
2. 大学英语新一轮改革正在进行，4+4+2+2，学分变了，教学方式要变，教学内容一要变。其他各个专业的培养方案，包括短学期实践内容、形式需要认真细致修订。各个专业的特色不突出，培养目标基本是本专业的通才，应该在通才的基础上加强特色建设。
3. 师范专业认证有大量的准备工作，审核评估是用自己的尺子量自己，专业认证是用国家的尺子量专业，教师进中学体验势在必行。
4. 各个专业教学管理（教学文件、教材、考试系列文件、教学活动、指导、论文、实践实习等）已经形成相关固定模式，老师们都能按着模式自动进行各类准备及归档。
5. 学生学习热情不高，学习的积极性和主动性普遍不如从前，有的年级差得很大。
6. 学生的专业基本功与从前的同等年级的学生来比下降很大。
7. 学生干部学习成绩在班级应该有带头或榜样作用，不能只满足于及格。
8. 学生参加的活动太多，有的已经影响到学业，本末倒置，建议合理安排学生活动。
9. 各个专业应该有专业“标准”，如每个年级应该达到什么要求，毕业时达到什么要求等。

措施，充分说明了我们老师对专业的热爱、对学生的热爱，我代表班子成员感谢老师们、系部主任们的努力。下一阶段，甚至一直持续到明年开学初，我们会把各个共性问题、个性问题进行归口解决，让我们的专业及大学英语越来越符合社会需求，学生、老师都比较满意，这是大家共同的目标。

2018.12.14

图 3–1　外语学院专业研讨会总结

3、改进教学方式与方法

（1）“输出驱动”为主的教学方法

大学英语教学采用了任务式、合作式、探究式的教学方法，以输入为基础，输出为驱动，体现教师为主导、以学生为主体的教学理念。关注“学生需求”形成教师引导和启发、学生积极主动参与为主要特征的教学常态。

图 3–2　教学方法改革

二、教学实践层面

教师间的交流更多的是在集体备课时，大家每学期开始时将教学大纲、教案、教学进度定下来，剩下的就是在每学期 6—10 次的备课中沟通

第三章　影响教师专业资本形成的因素分析

一下具体的操作经验。这些教学实际经验比较依赖情境,真正的还是教师在课堂上面对具体情境的教学操作。

虽然是集体备课,教材、大纲是固定的,但是很多具体的东西还是教师在课上即兴完成的。

课堂上的教学不可能完全按照教师事先准备的那样走(图3-3)。

《大学英语》精品课验收汇报提纲

综述:定位与目标

根据教育部《大学英语教学指南》,大学英语作为大学外语教育的最主要内容,是大多数非英语专业学生在本科教育阶段必修的<u>公共基础课程</u>,兼有工具性和人文性双重性质。

大学英语的教学目标是培养学生的<u>英语应用能力</u>,增强跨<u>文化交际意识和交际能力</u>,同时发展<u>自主学习能力</u>,提高综合文化素养,使他们在学习、生活、社会交往和未来工作中能够有效地使用英语,满足国家、社会、学校和个人发展的需要。

<u>大外部定期召开教研活动,采用主备课教师说课与小组讨论结合的方式进行集体备课,探讨交流有效的教学方法,及时反馈教学中存在的问题及解决办法。教研活动有制度,每学期6-10次。</u>教学和科研相互促进。

教学方法与手段

(1)"输出驱动"为主的教学方法

大学英语教学采用了任务式、合作式、探究式的教学方法,以输入为基础,输出为驱动,体现教师为主导、以学生为主体的教学理念。关注"学生需求"形成教师引导和启发、学生积极主动参与为主要特征的教学常态。

(2)课堂教学与自主学习相结合

除了课堂上教师授课和组织课堂活动外,学生还利用校园网,根据自己的能力和兴趣,选择适合自己的学习内容和方式,进行个性化、自主式学习。

(3)课内学习与课外学习相结合

除了课内学习,强调课外语言应用及实践,开展丰富多彩的英语课外活动,如英语演讲比赛、英语写作比赛、英语阅读比赛、英语单词比赛、英语话剧比赛、英语朗诵比赛等,为学生提供语言应用的环境和实践的舞台。

网络及信息技术的迅猛发展使混合式教学模式成为各个高校采用的重要教学模式之一。大外部探索了线上资源与线下资源相结合、课堂教学与自主学习相结合的混合式教学模式。为了提高大外教师的混合式教学能力,大外部每年组织教师微课大赛,现在已实现所有教师会做微课,并将微课融入课堂教学和学生自主学习中。

图3-3　教研活动要求

针对学生课堂上的状态,很多教师经常会从学生学习的角度来对课堂做出一些设计,教师始终认为教师对学生在课堂上的学习状态是有很大影响力的,要想办法调动学生的学习状态。

教师对学生的学习状态是有一个"理想"期待的,一旦学生的真实状态和他们的期待吻合时,他们就会获得成就感。这样的体验会加深他们对学习应然状态所持有的观念,并付诸教学行动。

同事间就教学问题的交流,多数关注某一授课活动安排或某个知识点教授方式。对学生学习的"问题状态"也有讨论,集中于教学手段和方法层面。对于学生学习的讨论集中在对近届学生的比较,能够达成的共识是学生英语水平、学习态度等越来越不好。

办公室内教师的交流是很具体的,大多是针对某一节课中的一个活动怎么安排,或者有某个知识点不确定等,有时候碰到一个问题,办公室教师就会问:这个题目怎么做之类的,也会讨论(图 3-4)。

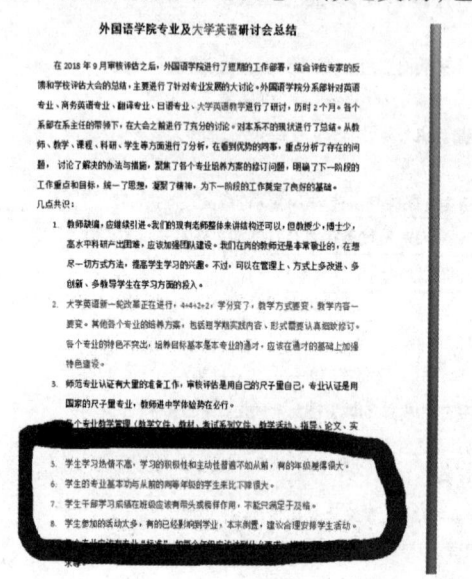

图 3-4　教师教学专业研讨会总结

三、观念

教师对自己在教学上的定位是有自信和自我认同的。在他看来,大学生和中学生都一样,其实都是学生,都需要教师的引导。每个老师各有手段,但是督促学生学习是一样的。

教师的自信和自我认同,主要来自学生。他特别看重学生在他课堂上的体验和收获。他自己却不太在意那个评教。因为学生对于教师的教学是否认同,教师是可以感受得到(图 3-5)。

如果学生对教师授课有意见的话,一般都能看出来,需要去当面沟通。

第三章　影响教师专业资本形成的因素分析

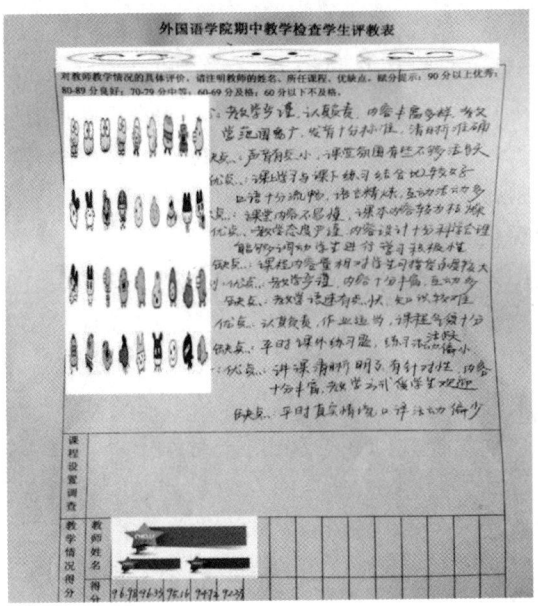

图3-5　大学外语学院评教记录

教师重视学生对于所学知识的真正理解,而不是停留在空泛的讲解上。提高学生的参与度,要给学生布置任务,在课堂上和学生对话,语言能够学以致用。

让学生自己愿意学、主动学、轻松有趣地学习英语也是很多大学教师所主张的学习方式。通过各种策略来调动学生的学习积极性和兴趣。特别是对于英语知识基础薄弱、学习习惯不好的学生更需要一些教学上的策略。某院校的Mary老师会给学生放一些和授课内容有关的影片的片段,或者干脆让学生来配音。课间会放一些英文歌曲,并做适当的讲课内容拓展。

当学生在课间主动和老师进行探讨时,老师们会比较耐心地去解答,并在下一节上课时就这个问题和全体同学交流,明显能看出来教师对这种主动学习态度的支持,并鼓励大家"有问题可以随时来找我探讨,学习不是你们在那里坐着一直听"。

四、框架性因素

(一)教学观念

教学活动本身就是教师自身的一种专业活动,既然成为教师那就是证明对教师专业素养是认可的。而且教学方法或者教学风格在教师群体里是存在的，但是也没有那么高大上。自己和身边同事的教学工作，就是一种很日常的工作。作为专业人士，心里想的都是把这份工作干好，特别是要对得起自己的良心。教学中把自己的知识拿出来，面对学生要有专业性的交流。能成为老师本身也说明其学习是成功的，对学生在学习中遇到的困难能提供一些成功的解决办法。经常面对学生学习上的问题情境，本身也体现教师存在的价值。对学生的学习有所帮助也是成就感的来源。

教师是有专业性的，用简单的词概括就是有"资本"。有"资本"意味着老师具有做某件事，或者做出选择的条件。"资本"有几个含义。首先就是教师会一直和其他教师在一起，对于教学上的一些事情，会有很多来自专业人士的帮助，意味着教师在面对教学问题时可以获得身边同事、同学等方面的专业建议。其次就是教师自己内心的"愿望"，自身所具有的条件，教师自己的学习经历和对于教学或者学生学习的美好愿景，始终对未来有期待、有信念。

（二）课程框架

学校还有各种面向教师课堂教学的规章、制度，对教学行动产生一些影响。但是这些课程文件、政策的影响有限。课程教学文本，都是一些高大上的，并且抽象概括的东西，对教学起到指导作用，而不是决定作用。

这些文本都是为达到要求而应付，教案里面或者学校规定的培养方向、培养目标和教学目标是高大上的，但是在落实上没有文件规定那么简单。有时候大家觉得这么定的目标，那就是一定能实现了，定下的教学目标等于实现的教学目标，这是一个错觉。

在教案基本统一，格式、内容和进度都是集体备课中统一的前提下，新手教师要好好研究教案，并且要尽可能地按照教案的要求去组织教学实践。但是对新入职老师来说，依赖教案时间长了对教师教学能力发展是有害的。

实际课堂教学里，每个老师都会有自己的发挥，有时候这是老师们形成的默契，然后大家在备课时候互相分享，这是教师专业的权力。在一些特殊情境下，这样的权力会受到干涉。

在实际的课堂中，每个老师都有自己的方法，就是说每个老师在课堂上都可以根据学生情况选择适合的方式方法进行教学，这个就是个人发挥。

在平时的教学中，教案等的教学文件的作用不太明显。一到评估

第三章 影响教师专业资本形成的因素分析

类的关键事件时,教学文件的作用就特别突出,能让老师们的教学高度一致。

(三)教学评价

老师对于教学评价的重视程度是不一样的。有的老师对于学院和学校组织的教学评价、学生评价是不太关注的。他们认为别的老师的评价,经常就是听50分钟的课得来的。而学生的评价就更不大可信了,有的学生对于教学的专业性不了解,评价也不够科学,毕竟教学行为和服务顾客还是有区别的。

有的老师说自己很少看评价,有时候就算看了也会发现学生评价的语言和下面的分数不匹配。

还有的老师抱怨,有时候学生的打分,怎么打的都有,有的评分,根本不能代表老师的水平,可是学校又很在意,用这个来评这评那的(图3-6)。同行评价是一直都有,就是要求老师们在一学期互相听课,每个老师至少听4次吧,然后期末打分。老师们都特别忙,各种工作要做,能听够要求的次数就不错了。而且只听一两次就对课程进行评价,也不是很靠谱,大家心里都明白。

> **第五章 本科教学质量评价**
>
> **第二十三条** 本科教学质量评价是本科教学持续改进的关键。其主要内容是对本科人才培养方案的设计和培养效果、各教学环节的实施和效果开展过程性评价和结果性评价,具体涉及(专业)培养目标、培养方案、师资队伍、教学资源(含课程、教材、其他教学条件与资源)、课堂教学、实践教学、课程考核、毕业论文(设计)等方面。

图3-6 大学外语学院本科教学质量评价

教师们最重视的是那种和学生面对面交流时获得的反馈,这个特别重要。有时候是在直接和学生们的课上沟通中获得信息,有的是课下交流时获得的信息,还有一部分是对学生学习状态观察获得的信息。这几方面的信息进行相互结合,形成对学生实然学习状态的认知,并能够据此采取行动。对学生学习状态的及时把握,本身也是教学质量评价的要求之一,这一要求与教师教学专业性的解释相一致(图3-7)。

第二十四条　课程评价是教师提高课程教学水平,实现课程目标的重要依据,课程教师在每一轮教学过中要积极搜集多种形式、多种渠道的评价信息,认真分析课程目标的达成度、实施过程中教学内容、教学方法、信息技术应用等方面存在的问题,有针对性的进行改进,不断提高课程教学质量,形成课程评价与改进报告并存入教师业务档案。

图 3-7　专业研讨会总结

第四节　教师专业发展中的专业性"自我指涉"

运用社会学理论对教育领域中的现象、问题进行分析、解释、解决促成了教育社会学理论的形成和发展。衍生于社会学理论的"功能论""冲突论"和"符号互动论",共同构成了教育社会学研究的三大理论基础,而教育社会学的研究也在这三种理论的相互影响下不断发展。

功能主义认为社会是一个整体结构,每个部分都承担着各自独特的社会功能,他们相互耦合共同维持着社会的运转这一观点,对很多教育社会学的研究产生了显著的影响。如沃德强调教育促进社会进步的原则;涂尔干认为社会化是教育的基本功能,通过教育可以将青年培养成社会需要的人。帕森斯在功能主义"整合""均衡"理论视角的基础上进一步发展出了以 AGIL 模型为基础的理论分析框架。"冲突论"主张社会自身是不平等和冲突的,这是社会存在的基本状态。以卡尔·马克思和马克思·韦伯为代表的学者认为:社会整体性是在不平等、不平衡中通过冲突进行权力再分配实现的,因此平衡是一个动态的、不断调适的过程,而教育系统作为社会的一个子系统,其内部各要素之间,与其他社会子系统之间都会出现矛盾和冲突。冲突有利于群体关系的整合,对社会稳定和均衡有积极作用,因此这一观点对教育系统的动态发展具有较强的解释力。

"功能主义"能够深刻地解释社会事物间的关联性,同时"冲突主义"也能够对社会变迁做出社会动力学的解释。但是,在对教育领域的问题进行研究时,无论是"功能论"还是"冲突论"的研究者都很难将教育问题的解决从政治、经济等因素的影响中独立出来。事实上,脱离了这些因

第三章　影响教师专业资本形成的因素分析

素来尝试理解并解决教育问题,也是不切实际的。

德国社会学家卢曼(N.Luhmann)的理论为当今的教育研究提供了一个新的视角:在《论自我指涉》(1992)一书中,卢曼提出了"自我指涉"系统这一概念。其包含有机系统、社会系统和心理系统三类。他重点研究了以意义沟通为主要方式的社会系统及其运行,形成了"自我指涉的社会系统理论"。他认为社会系统的整体运行是一个"自我指涉"的动态运行过程。"自我指涉"是指社会系统在运行过程中不断对自己的状态和面临的情景进行观察,并在自我与他者的关联中对所遇到的问题做出回应的一种运作。开放性和封闭性是系统在这个过程中最重要的两个表现特征。系统在"自我指涉"的过程中对自己和环境之间的差异所做出的反应是开放的,而系统本身在面对这种差异时所做出的自我调试则是封闭的。系统对外界环境的影响具有选择能力,既能凭借自身的一些运作免于某些环境影响,又能在某种条件下有选择地对外在影响做出回应。卢曼使用"共振"一词来具体描述这一动态的系统过程。

卢曼的这一理论以一种复杂非线性的因果观解释了社会系统间的关系,肯定了社会各个系统功能运作时具有复杂性、关联性,且处于持续变化的状态中,也为教育这一社会子系统的研究提供新的理论框架。在社会的各个功能不断分化的过程中,教育履行着使个体具有进入社会其他各个功能系统的功能,能够在一个"自我指涉"的沟通过程中,选择、反思、回应其他社会系统的诉求并能深入地对其他功能系统产生影响。从卢曼的理论来看,教育与社会的共振效果更明显地体现在较为宏观的层面,既涉及教育系统自身、教育系统与其他社会子系统、教育系统与整体社会系统的关系。但目前的研究,一是以地方应用型本科教育系统为研究主题的实证研究较少,二是多以社会结构决定论的色彩来对教育问题进行解释和解决,并没有回到卢曼对教育系统所论述的"媒介",也即"个人"的研究核心中来。而结构优先于功能恰恰是卢曼对帕森斯分析框架的批判,这样一种研究的解释并不能与社会系统论的理论视角相适应。

2014年2月国务院总理李克强主持召开国务院常务会议,做出了"引导部分普通本科高校向应用技术型高校转型"的战略部署。从2014年178所高校达成"驻马店共识"到2015年10月教育部、国家发展改革委、财政部联合发布的《关于引导部分地方普通本科高校向应用型转变的指导意见》,以及连续举办的产教融合发展战略论坛,我国地方本科院校应用型转型已经在政策、观念等方面得到了普遍的认同。截止到2019年2月,广东、河南等20多个省(区、市)做出了引导部分普通本科高校向应用型转变的举措,300所地方本科高校参与了改革。无论是学校整体转型,还是通过二级学院开展试点改革,其人才培养方案、校地合作、校企合作、教师队伍建设、课程体系改革和学校治理结构等方面都面临着新的挑战。在转型过程中,如何实现高校教育系统与社会其他系统之间的良好"共振"是当前教育研究的重大课题之一。

社会系统论脱胎于功能论并吸收了冲突论的合理观点,能够较为完整地从整个社会大系统环境入手来理解教育系统的发展运作,并能够提出较为合理的问题解决方法。社会系统论可以作为一个从全社会视角来对教育问题进行研究的理论,目前在我国教育问题的研究中应用较少。以该理论框架基础可以建构出适合解释中国教育与社会问题的理论并创造性地解决具体环境中的教育发展问题,可以为地方本科院校在应用型转型发展过程中的普遍性问题提供解决方案。因此本研究视角从理论层面和应用层面都具有一定的学术价值。

卢曼的社会系统理论自提出以来在国外产生了极大的影响,多个学科在这一理论框架下取得了丰硕的研究成果。这一理论对教育系统在社会系统中的运行状况的研究尤其具有指导意义,卢曼也被誉为当今第一位彻底以社会科学为理论起点视角的教育系统的理论家(谭光鼎、王丽云,2006)。

在社会系统中,当一个子系统的行动目标确定后,其与其他社会子系统所构成的情境环境的差距构成了一个对立统一的情境。我国许多地方高校都面临着应用型的转型所带来的挑战。当地方高校将其发展角色定位于地方应用型时,其他社会子系统对于这部分高校教育系统发展产生影响。

教育系统在"自我指涉"的过程中观察自己和他者,也同观察自己如何进行观察(反思)。复合观察视角保证了应用型本科院校在转型发展中能够较为系统全面地认识自我和环境的关系,也从理论上突破了系统发展研究中的二元决定论。卢曼认为教育系统是社会系统中较为特殊且重要的一个子系统。社会系统在功能上的不断分化,对个体进入各个功能领域所应具备的条件有了要求,而教育系统则能够实现个体的具体功能化。卢曼认为其他功能系统形成在先,而教育系统是在满足其他系统的功能需求中不断形成,因此教育系统应该适应社会功能的不断分化而产生的要求。其概念框架见图3-8。

第三章　影响教师专业资本形成的因素分析

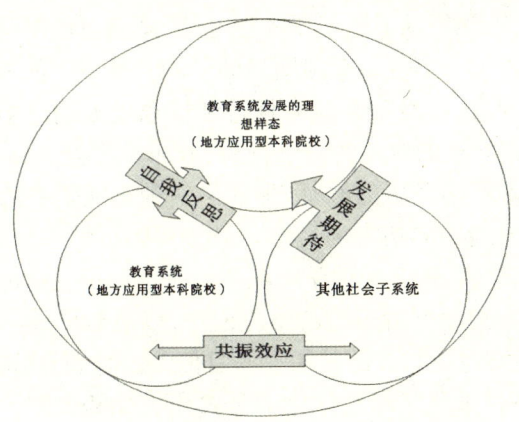

图 3-8　卢曼"自我指涉系统"的概念框架

但是目前运用卢曼的社会系统理论来对教育系统发展进行研究在我国还处于起步阶段，而且主要以理论反思为主，实证研究较少。项目组通过中国知网检索发现，相关主题在核心期刊发文 23 篇，其中教育相关论文 11 篇。在这 11 篇论文中只有 2 篇为教育实证研究。吴立保（2010）通过实证研究分析了大学的异质化特征以及对大学良好运行提出了通过政府整合、市场整合和文化整合等方式来实现大学与其他社会系统的动态平衡。许衍琛（2015）以卢曼社会系统理论为基础分析了我国农村高考生弃考的原因，并认为宏观社会系统导致教育系统价值和实践的扭曲以及个体适应渠道受阻是弃考的主要原因。对教育活动中，教师的专业性"自我指涉"是目前还在探索的一种操作性定义和研究框架，因此在方法论和认识论层面还没有形成成熟的研究逻辑。这一概念本身也属于本研究话题进行过程中的"意外礼物"，而为研究的进一步发展提供了新的思路。

小结

教师的课堂教学行动受到多方面因素的影响，概括起来存在三个层面：实践层面、观念层面和框架性因素。在实践层面分别有教学情境和教学实践经验两个方面。在教学情境方面，有些大学教师曾经是中学教师，因此特别能感受到中学和大学在教学风格方面的异同。中学和大学的教学风格和惯习有差别，但是也有相通的地方，因为都是以促进学生发展为目标。另外，大学教师多数具有的海外求学经历让他们对教学的时间和空间关系有了新的认识，并由此形成其对教学情境应然状态的理解和期待,影响其教学行动。在教学实践方面,教师自己求学中的学习成功的经验和体验对其教学行动有很明显的影响。学习上的成功经验以及由此形成的学习观念,让教师将这一期待和信念投入到对学生学习的指导中去。学习观指导下的成功的教学行动,增加了其教学成就感。

很多有海外留学经历的教师,形成了一种重视学习的学习观念。认为学习不能一味地朝向功利的目的。最重要的是学生自己要去学习,自己愿意学、主动学、轻松有趣地学习英语也是他们所主张的学习方式。在这样的学习观念指导下所获得的学业成绩,以及对国外学校教学方式的体验,使得他们对这一观念的效果充满自信,促使他们在这样的学习观念指导下,通过各种策略来调动学生的学习积极性和兴趣。这样的教师很注重和学生的沟通,把握学生真实的学习状态。当学生在他们的引导下,能够表现出他们所期待的学习状态时,他们会有一种教学上的成就感。

对于教学活动过程中的框架性因素,最一开始的研究关注于教学评价。实际上有相当一部分教师对于正式的教学评价认可度不高,反而对直接从教学过程中,通过和学生的交流沟通获得的相关教学反馈更加看重。对于教师们来说,真正有效的教学评价来自他自己的个人经验和教学实践体验。框架性因素的另一个维度来自相关教学文件。教师对教学大纲、教案等教学文件的作用持一种批判性接受的态度。认为教案作为一种指导性的教学活动计划文件,对教学实践活动具有一定的指导意义,但是也非常容易成为对教学形式权威的工具。专业之外的力量通过教案对教师的教学活动形成的控制。在访谈中,有的教师提到了评估活动中专家的听课反馈。同样作为专业人士的评估,专家对整齐划一的课堂教学状态的质疑,让很多教师更加坚信自己的判断。这样的极端情况让教学失去了本来应该有的"自由度",而教学本身似乎一直是在被一个看不见的力量把控着,有多大自由,什么时候自由不由教师说了算。

回到教学专业性,教学活动本身就是教师自身的一种专业活动,既然成为教师那就是证明对其专业素养是认可的。而且教学方法或者教学风格在教师群体里是存在的,但是也没有那么高大上。和身边同事的教学工作,就是一种很"日常"的工作。作为专业人士,心里想的都是把这份工作干好,特别是要对得起自己的良心。教学中把自己的知识拿出来,面对学生要有专业性的交流。能成为老师本身也说明学习是成功的,对学生在学习中会遇到困难能够提供一些成功的解决办法。经常面对学生学习上的问题情境,本身也体现教师存在的价值。对学生的学习有所帮助也是成就感的来源。

综上所述,我们可以发现影响老师教学专业行为的因素可以形成个

第三章 影响教师专业资本形成的因素分析

人学习体验、教学实践经验和框架性因素共同构成的一个相互影响的体系。在这个体系中,三个维度相互作用,让教师在其所持有的学习观为核心的影响下获得教学中的成就感。课堂中教与学在空间上的共在以及二者在时间上的不同步,是其进行教学行动的时空情境。

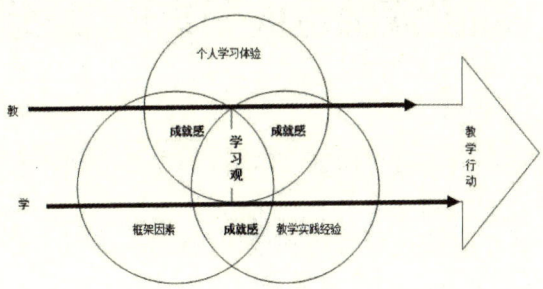

图 3-9 影响教师专业性活动的因素及其影响机制

第四章 促进教师专业资本形成的策略探讨

对教师的专业资本进行研究,厘清教师专业活动各方面对本研究十分重要。教师专业活动本身具有一定的复杂性,所涉及方面较多。对教师专业生活的各个维度进行分析和建构,有助于研究者将理论与实践进行有效结合,并能在合理的研究范畴内对教学行动进行理解、分析,更加有效地对教师的教学行动进行深入的认识。从整个研究的进程来看,专业资本覆盖了教学前的教学设计决策——主要指在设计过程中的互动和反思;课堂中的决策,与学生的协商、互动;教学后的反思;职业意识层面的形成;研究能力的发展;对职业的认同及从中获得的职称。

目前,国内外的研究者在一定的理论视角和实践经验的基础上对专业资本进行了大量的研究,对教师作为专业人士的特征也都提出了一定的理解和认识。由于教师专业活动这一社会行动过程本身所具有的复杂性,对于已有研究进行调查研究分析,有助于研究者形成对教师专业性的深入认识。因对于教师专业行为的研究来源较为多样,很多研究在形式上关注教师专业活动的某一方面,并未向专业资本方面靠拢,且由于明确提出这一研究话题的研究较少,因此本研究主要关注研究话题的代表性,以及教师专业资本的本土特征。综合教师作为专业人士的种种活动特征,我们总结出教师作为专业人士所具备的一些特征,由于时间和经历的限制,也由于课题本身所具有的复杂性,此概括难免存在一定的疏漏和观点上的偏颇,这也是我们团队进一步研究的发展方向。

第一节 专业决策能力和条件

由于我国的科学教育教学理念和行为相较于西方发展形成较晚,因此长期以来我国具体教育教学活动的教学方式、方法和策略基本上处于向西方学习的状态,特别是受到国外教学理论的影响较大。以笔者本身的专业研究方向即英语学科教学论为例。一般认为英国的语言教学研究

第四章 促进教师专业资本形成的策略探讨

者,由于需要对其早期殖民地的人进行英语教育因此被认为倾向于外语教学;另一方面美国由于是移民输入大国,因此其外语教学倾向于使用二语习得的理论。在我国对于这两种研究的理论倾向并无太大区分,在一段时期里缺乏对外来语言教学方式、方法和策略进行有效的本土化改良,以后逐步开始以我国的英语学习实际情况为出发点,来对中国人英语学习特点进行研究(刘道义,2015)。随着我国外语教学研究的不断发展,很多研究开始转向对教学的方式、方法和策略背后的理念进行研究。教师的个人教学逻辑是教师个人的认知、情感的个性化实践,这是教师个性化教学实践的根本来源。教师从个人经验出发对教学目的、内容、教学对象、教学本身、自我、课程和情境进行个性化理解。因此教师的教学方式、方法和具体策略是一个建立在教师对其教学实践活动经验不断反思认知的基础上而产生一种个人化的教学逻辑,是教学方法理论与具体教学情境的结合(董静、于海波,2017)。教师的教学逻辑具有明显的个性化,是主观能动性的体现,因此有研究者认为教师的教学方法是一种个人教学逻辑的理性展现,是教师对教学活动的内在逻辑的认知和把握,是教师通过运用一定的教学工具或者手段,来实现对预期教学价值的逻辑思维。教学理性的发展水平对教师教学实施的水平和内在品质有着重要的影响,也有助于教师主动性教学习惯和教学实践能力的提升(董静、于海波,2015)。

教学方式、方法和策略的具体实施都不可能忽视外在的客观条件对其有效性的影响。师生空间关系、人际关系、课堂管理等方面都需要做出相应的教学对策,因此课堂组织管理方式和网络多媒体的使用也被纳入到教学研究的范畴内(刘海军,2011)。这对于教师的教学设计和差异化教学能力提出了更高的要求(胡波,2008;汪军、严晓球,2011)。面对水平参差不齐的学生,教师需要合理的教学理念和教学逻辑进行应对,因此各种教学模式和教学策略不断涌现。新的教学理念开始从实践的层面对传统的教学实践方式产生冲击。以学生学习为主的教学理念在科学技术的支撑下慢慢从理念层面走入到具体的实践活动中。在提升学生学习参与度、改变教师角色、提高教学活动有效性等方面发挥优势,并能够在一定程度上解决教学和学生水平差异的问题(张慧,2018;马锦然、贾青艳,2014)。

随着时代和科技的发展,越来越多的学生开始不满足于以基础知识为主的课堂教学,并对脱离其专业学习的教学内容提出了质疑。拿大学英语教学来说,学生专业的多样性也是对具体教学实践产生影响的一个不容忽视的方面。大学英语个性化教学就提倡以英语作为语言工具,在履行通识教育职责的过程中也不能忽视不同专业学生的专业发展需求。英语教学和其他学科专业相结合的大学英语教学模式对于提升学生的跨文化交际能力、本专业素养、获得更多的专业学习机会都有裨益(马琴,2017)。然而这一教学模式在具体实施上会很大程度上受制于师资水平,这并不是说大学英语教师的专业能力和教学水平,而是指教师的专业结构。在我国,绝大多数的大学英语教师都具有语言类专业背景,而相对来说大多数其他专业教师的英语水平又不能达到英语授课基本要求。即便是英语专业出身的大学英语教师在教学中也面临着一些两难情境。大学英语教学既然是以语言交际能力作为教学目标,那么在教学方式和策略上理应以英语为主要教学语言,但是实际情况却比理论上要复杂得多。有研究者通过实证研究发现大学英语教师的母语使用量比较高。由于课堂教学时间的有限性,因此母语使用量的增加意味着英语使用量的减少。由于母语量的增加和英语使用量的减少对学生英语学习效果是一个双倍的影响。而教师母语使用频率的高低与教师所受到的教学理论学习时间和教龄没有相关性。研究发现师生对于英语课堂汉语的使用有两种表现,一方面支持英语的高频率使用,另一方面又由于学生水平差异、课时限制、课程类别特征(如抽象知识较多的阅读、写作等课程)等原因造成在具体教学方式和策略上的汉语依赖(林有鸿,2017)。对于教师具体教学活动的研究,集中于教师对于具体教学方法、原则等方面的使用以及宏观客观条件的限制,对于教师依据具体教学情境对各种语言教学方法的个性化使用关注度较低。

第二节　教育教学互动能力

符号在人类的生产生活中发挥了重要的作用。恩斯特·卡西尔(Ernst Cassirer)认为:"符号化的思维和符号化的行为是人类生活中最富于代表性的特征,并且人类社会的全部发展都依赖于这些条件,这一点是无可争辩的。"(2016)具有实践取向的社会学家更多关注人类行为的具体实行、实施方式进而对行动进行理解。而互动研究从人们的面对面互动交流入手,对引起人们互动以及对互动过程产生影响的主观因素予以关注。符号互动论属于微观层面的社会学研究,倾向于将社会结构归为个体成员间相互理解和行动的结果,关注人际交往过程中人对客体进行主观赋意以及做出的反应。

第四章 促进教师专业资本形成的策略探讨

符号互动论（Symbolic Interactionism）又被译为象征互动论。符号作为该理论的核心概念，一般指一切能够表征意义且被社会成员所公认的事物，比如语言、物品、场景等。符号互动论的思想一般认为是源自实用主义思想对于符号重要性的关注。"在我们一经发现了为符号所表示并仅仅借助于符号而进行的关于具有可能性的操作的观念以后，就开辟了道路，使我们能够从事于日益明确和广泛的操作"（Dewey，2004）。查尔斯·霍顿·库利（Charles Horton Cooley）在"镜中我"的理论中认为人们在互动中，彼此面对面像照镜子一样想象别人眼中的自我形象并对此产生感觉判断。相较于库利的"镜中我"，乔治·赫特伯·米德（George Herbert Mead）对符号互动论的产生则有更为直接的影响。他在对人类个体的思想与行动之间关系的不断探索中，吸收了实用主义的观点，认为个体的心灵、自我与社会是在不断的互动过程中产生并发展起来的。具体来说，米德认为人对外在刺激不仅具有生理反应，还具有理智性反应。人的理智反应表现在与对环境中客体的符号化表征以及针对客体设计并筛选方案的能力，冲动和理智的互动产生了"心灵"。"心灵"是个体产生"自我"观念的重要条件。人的主我（自然我）和客我（社会我）在不断的冲突调整中对立统一于"自我"。"自我"与"他者"的互动产生了"社会"，而"他人"既可以指个体，也可以是集体。米德的概念中社会是一个有人所创造并且应用的符号总和，"自我"与"他人"互动中所产生的主要是符号，如语言、制度、规则等。米德的观点中社会这一概念的引入，使学者们对于符号互动论中主体性的思考变得客观，变得可以观察验证。真正明确提出符号互动论的是米德的学生赫尔伯特·布鲁默（Herbert Blumer）。

赫尔伯特·布鲁默在1986年出版的《符号互动论》中认为人们对于意义的理解，对行动的设计都是依赖于符号才能完成。而符号作为社会互动的中介，受到人们对于符号所进行的赋意和理解的影响。由于人们在社会互动中不断反思行为的存在，这就造成了个体对于固定客体的认识会随着情境或"自我"的变化而变化，因此符号的具体互动方式也处于不断的动态发展中。然而一旦多个个体对于某个符号的赋意和理解达到一个相对稳定的状态，符号的意义也就会固定下来，人们在社会互动中对于该符号的认知也会处于一个相对一致的稳定状态，如社会规则、秩序等。

在符号互动论的理论影响下，有一批学者对该理论进行了颇有意义的论述。首先欧文·戈夫曼（Erving Goffman）从戏剧发展的视角对人类互动过程进行描述和解释。在《日常生活的自我呈现》中，欧文·戈夫曼提出了人际互动中的表演框架和印象管理两个概念类别。表演框架是人们在交往中所遵循的互动规范,受到社会成员的认可,因而对于行动个体具有参照作用。印象管理是一种交往互动策略,在人际交往中有目的地在他人心目中塑造自己的角色形象而采取的一系列行为方式。由于在戈夫曼的研究中,剧本期望、剧情、剧班、面具、表演等词汇以隐喻的方式被用来描绘人们的交往互动过程,因此欧文·戈夫曼的研究又被称为拟剧理论。互动双方能够达到一致的意义建构是行动的前提条件。因此应该从动态的视角来看待协商互动过程,协商本质上是行动者在互动过程中不断尝试重新达到认识和意义的共识的过程。基于此,本研究认为从理论和已有研究层面来看,互动能够以一个更加基础性的视角对协商进行解释。

大卫·H. 哈格里夫斯则在符号互动论的理论视角下,对教学中的师生互动和师生关系进行了深入的研究。哈格里夫斯在 Interpersonal Relations and Education 中以符号互动论为理论依据,首先对人际理解(perceiving people)进行了深入的分析,并以筛选(selector)作为核心概念建立了一个完整的人际理解框架。然后哈格里夫斯在此框架下从角色、互动和团体三个角度对教育中师生间的人际互动进行了详细的分析。哈格里夫斯的研究对于符号互动论在教育教学中的研究非常具有启发意义,特别是他对于纪律以及教师和学生团体之间关系的研究。他认为教师对于"群体动态"(group dynamics)进行了解并进行分析是每一个教师应该掌握的能力,这有助于教师超越班级为单位的名义分组来理解学生团体,也有助于提升教师对学生团体中个体敏感性。在哈格里夫斯看来,对于学生的理解能力是教师教育中应该格外引起重视的一个重要部分。

皮埃尔·布迪厄认为学校的制度化教育本身充满了符号暴力(有译作象征暴力)。教学权威作为符号暴力,是教学行动得以完成的重要条件。在教育系统内,行动者通过学校教育的不同场域对教师教学、课程制定等方面深入阶级文化符号,教育行动者在有意无意之间充当了符号暴力的执行者。布迪厄的理论也透露着符号互动论的思想,当然符号暴力给我们的启示也不尽然全是令人悲伤的方面。相反,这恰恰提醒我们,在整个教育系统中,教师具有如此重要的作用。学校的符号权威要通过教师才得以传达给学生,而学生的反应则真切地反映在教师面前。学校变革、教育变革以及教育成败都由教师的实际工作所决定。因此,如果教师秉承的文化符号理念是有益于学生发展,那么应该将教学权赋予教师。伯恩斯坦的符码理论从本质上也属于文化专治理论的发展。伯恩斯坦认为分

第四章　促进教师专业资本形成的策略探讨

配规则、评价规则和再语境化规则构成了教育机制。评价规则对学校教学内容做出了限定,然后再语境化规则将知识生产者的知识搬入课堂中成为教学符号,再由教师对知识内容做出分配。整个教学机制内部充满权力的影子。在教育机制中,教师应该有机会和学生一起成为知识的生产者,但是由于教学话语不完全掌握在教师手中,使得教师只能遵守规约性话语的要求来组织教导性话语。教学话语权的丧失意味着教师教学权的丧失。目前这种情况在我国中小学教学中比较明显。大学教师由于存在科研工作者角色,因此教学自主权相对中小学教师大一些。但是由于教师个体教学信念的差异,以及学科教学上的差异,大学教师也会主动或被动地放弃教学自主权力(邱九凤,2015)。

兰德尔·柯林斯是美国当代著名社会学家,《互动仪式链》是其在多年研究的积累上推出的一部理论著作。正如其书名所表达,"互动仪式链"(interaction ritual chains)是柯林斯在相关社会学理论的前人研究基础上所提出的理论。在该理论中,柯林斯在对涂尔干和戈夫曼的相关仪式理论的反思基础上提出了这一试图将微观社会学和宏观社会学相联系的理论。柯林斯微观社会学的研究已逐步转向以情境作为研究的出发点,来对由微观现象所构成的宏观过程进行研究。柯林斯的互动仪式链理论关注微观情境中经由个体而形成的际遇,关注在情境中的人的互动,进而对其在不断的互动过程中所形成的社会关联或者网络进行研究。在教学活动中,师生间的面对面互动构成了教学活动中的一个个微观情境,教师作为能动的个体,对其在情境中的教学行动进行研究,有助于我们对教师在教学中的行动方式以及师生关系建构进行理解。

对于"互动仪式链"理论的发展应该从社会学家对于"仪式"的理解入手。自涂尔干开始,社会学对于仪式的研究就一直非常重视。涂尔干最初在对宗教活动进行研究后,提出了宗教是以所具有的观念来产生整合作用。在宗教活动中,仪式作为一种行为规则规定个体在神圣对象面前的行为表现,以及个体对于业已形成的神圣符号或者神圣物作为一种价值体系对个体的精神心灵层面产生的统整作用。由于这些神圣物的存在,才对个体的行动起到了一定的制约作用,并通过赋予这些神生物以符号意义而形成集体团结和身份认同。共有的行动意识和共有情感是强化共有体验的机制,被群体共同关注的东西形成了群体符号,而符号所具有的意义则是被仪式所赋予。仪式的本质并不是仅仅对于既有神圣物的崇拜,同时也在对神圣物进行着塑造和意义的强化(兰德尔·柯林斯,2012)。戈夫曼将涂尔干对宗教仪式活动的研究理念延伸到对于日常生活情境的研究中去,并提出了"互动仪式"的概念。互动仪式主要有四种主要构成要素或者条件：两个或两个以上的人共同在场；对局外人设定界限；有共同关注的焦点；共享共同的情绪或者情感体验。互动仪式中的各要素之间相互影响，共同的关注焦点和共享的情感体验加深了互动中个体间对于彼此行动的关注。通过互动仪式，会加深参与成员的集体团结和身份认同感，增加成员的情感能量，增加成员在行动中的自信和能动性，这些都有助于形成群体共有的意义符号。

自马克思·韦伯以来，对行动的研究都关注于理性层面，对马克思·韦伯在四种行动类型的划分中的"情感行动"一项的关注不多。兰德尔·柯林斯的互动仪式链则认为情感连带是行动者间行动成为可能重要保障。情感连带能形成共同意义符号，加深并延长行动间的共同意义建构。这是对马克思·韦伯情感行动的一个重要回应。教师通过自身教学行动增加学生对于学习过程的投入度并引起其积极情感和情绪的共享，可以有效增加学生对于学习活动的认同感，有助于师生之间良好关系的形成（赵方，2016）。教学行动作为一项复杂的连续性社会行动，应从由一个个微观情境所构成的具有连续性的情境连续体的角度来对其进行研究。因此柯林斯的互动仪式链理论为我们对教师的教学行动提供一个有效的理论分析框架，有助于我们从课堂的连续活动中对教师的教学行动有一个相对完整的理解和解释。从前面对于仪式和互动仪式的理论发展进行梳理中可以清楚地发现，无论是从埃米尔·涂尔干从宗教生活的角度对仪式的论述，还是戈夫曼从日常生活互动中对仪式的理解，都停留在一个较为微观的层面，且强调既有仪式对于个体的规范作用。当然，相对来说戈夫曼的学说要比涂尔干的学说更加关注仪式产生的历史脉络，以及互动对于仪式形成、发展所起到的作用。但是柯林斯认为，互动仪式理论是一种社会动力学的理论（兰德尔·柯林斯，2012）。在社会活动中，个体总是从一个情境到另一个情境不断变动，在这个过程中互动仪式随着情境的转变以及人们感受和想法的变化也在发生着强度高低不一的变化（兰德尔·柯林斯，2012）。

我国学者对于符号互动论在教学中的应用也有极大的兴趣，虽然数量上较少，但是也有一些有价值的研究成果。张遐、朱志勇（2018）以社会学符号互动论和建构论的视角，采用质性研究的方法对大学教师角色认同建构进行了个案研究。李文跃（2013）从符号互动论的视角对课堂教学中教学符号的互动进行了探析。张俭民、董泽芳（2014）从米德的符号互动视角出发对高校师生课堂互动关系进行了探讨，认为课堂中师生互动关系应该从控制走向建构，从冲突走向和谐。

从以上研究可以看出，目前我国对于符号互动理论的研究基本上处

第四章　促进教师专业资本形成的策略探讨

于理论探索阶段。虽然目前已经有学者开始用符号互动论作为理论基础对教学进行有意义的实证研究,但是从总量上看仍然很少。

对于社会研究来说,是符号互动论对于情境作为社会研究视角的重要性首先做出了肯定,之后由人种学方法论将其作为一种研究方法和认识论。因此柯林斯认为作为一种社会动力学的理论,互动仪式的分析的起点应该是处于实在状态的情境,从情境对于个体的塑造中来对情境在不断变化中对个体所赋予的情感和意义符号进行研究,互动仪式、共同关注和情感能量是该理论的三个基本要素。各种具有连续状态的微观情境在时空中相互依存并不断展开,形成具有宏观状态的情境体现,这是各种情境相互联系的方式也即"动力因"(兰德尔·柯林斯,2004)。柯林斯将局部相关联的微观情境及其相互链接的动力机制称之为"互动仪式链",其中起到重要中介和能量作用的是群体成员间的共享符号、身份认同、情感能量。柯林斯认为这些是使仪式结构在"链条"上可以持续发展的资本。教学互动师生关系是一种动态的相互作用关系,教师与学生在对共同的学习活动所进行的资本投入,共享符号和情感能量的投入,有助于在师生交往互动中形成良好的关系,促进共同关注焦点的形成和情感能量的积累并能保证教学目标的有效完成、实现共同发展(赵方,2016)。

教学活动中,教师和学生天然处于不同的角色地位,这是由于教师自身所具有的专业资本和生活经验所致。由于师生互动属于异质性互动,因此作为教学互动成员的教师所秉承的教育教学理念对其教学行动有一定的影响。一个秉承学习型理念的教师势必在教学活动中对于师生间的角色关系建构、共同关注内容和情感积累的塑造上采取行动。教师也会在教学情境的不断变化发展中调整其行动方式,形成教学中的仪式链。互动仪式链理论强调微观互动情境在社会学研究中的基础性作用,并提示我们要在一个连续的时空中对于互动仪式中的相关影响因素进行关注。而教学行动作为连续教学情境中的社会行动是非常适合使用互动仪式链的理论来对教学中教师的教学行动方式进行研究,并能够解释理解教师在教学互动中对于共同情感积累、共同学习关注等方面的行动。教师在教学活动中依据其专业资本和生活经验都处于主导地位。教师在教学中的社会行动有助于引导学生关注学习互动,形成良好的学习身份认同以及情感积累,这是教学活动顺利进行的重要保障。因此互动仪式链理论可以为研究教师的教学行动提供一个动态的理解框架,有助于对教学行动进行较为全面的认知。

第三节　反思性特征

正如阿尔弗雷德·许茨在《社会世界的意义建构》中认为,如果行动只是朝向行动对象,这是没有意义的行动。只有在反思中将行动所获得的知识转变为经验,行动才会变得有意义。反思性不仅仅是一种属性,而且还是行动的内容。反思不论是个人层面还是行动的模式化层面,都是对已经发生的事件进行检视的过程和结果(郭强,2013)。对于教师的专业能力,一般有两种认知倾向和争论,即教师到底是作为"技术熟练者"还是"反思性实践者"的身份存在于教学专业活动中。对教师专业属性的明确定义以及相对应的专业角色的定位,对教师专业发展有重要意义。佐藤学(2013)指出教师的专业能力在于作为主体参与整个教学活动中,面对问题情境,基于反思与推敲,提炼问题,选择、判断解决策略的实践性学识。教师的教学活动是以经验的反思为实践性的基础,面向受教育者创造有价值的某种经验的反思性实践。教师通过"反思"式的实践性思考,使问题在解决过程中做到理论与实践相结合,形成实践性思考能力,获得实践性经验。

安迪·哈格里夫斯(2015)认为:"教学总是在一种不理想的情境中进行的,且会面临各种相互冲突的目标及要求。"教师作为"教学研究者"和"反思性实践者"的新角色要求教师将教学活动作为一种专业性行为所应具备的角色特征。教师作为"教学研究者"和"反思性实践者"的行为来自作为专业人士的教师所具备的教学理念:"自我革命"。"自我革命"不仅是一种方法论,同时也为课堂教学改革提供了一种"教师自我革命"的理论视角,即"教师进行自我研究、自我反思和自我批判,进而不断自我革新教育教学理念,并实践行动(朱志勇、阮林燕,2018)。

教师专业发展一直是教学研究中的关注点,但是从相关的研究具体内容来看,研究的侧重点基本上都在探讨教师某种教学素养和能力的养成。教师的自我反思是教师作为专业教学人员所应该具备的一项重要能力。教师通过对从不同教学情境中所获得的经验进行反思,可以有效地促进教师的自我发展。有效的专业反思需要教师深入理解反思性教学的实际内涵,对于语言教师来说,反思应该是由一系列的批判性思维活动所构成的循环,并不断通过反思来指导教学事件,这样有助于教师成为自身

第四章　促进教师专业资本形成的策略探讨

教学活动的评估者(马蓉,2009)。与教师的反思性教学能力发展息息相关的,是教师对于教学现场的实践经验的学习,以及对各种资源的利用能力的发展。行动学习是指教师在教学行动中通过对教学现场的理解并结合自身经验而进行决策的能力,与教师专业能力发展息息相关。行动学习作为教师现场式学习的一种有效途径,可以有效促进教师的多维专业能力发展,提高教师的批判性教学反思能力(李宝荣,2017)。教师的教学事件无论是其实际的教学决策还是反思能力,都与教师对于与教学相关的资源进行利用有关。教师与各种教学相关资源之间的关系,被很多研究者认为是一种互动式的关系方式,教师既利用已有资源进行教学,同时也是教学资源的创造者。这种互动式的教师与资源之间的关系方式对教师在教学实践中的能力发展,特别是教学设计能力有重要的影响(刘新阳,2016)。从概念表面上看,这种理念与吉登斯的结构化理论有了呼应,但似乎还是将资源作为独立于教师之外的某种客观性的存在来看待,并特别关注教师与这种客观资源之间的互动关系模式。也有研究者将教师自身作为资源来对教师与教学资源之间的关系进行深入理解,并从更加注重教师教学能动性的角度来对外语教师专业发展进行研究。随着国际交流发展,英语作为重要的国际信息载体,已成为各个英语为非母语国家的教育战略重点。以自身为资源体现了教师注重自主专业意识、教学、科研、实践等方面的自主反思、自我规划、自我评估的专业发展模式(蒙诗茜,2014)。

对于沟通行动在教学活动中的作用,有学者认为交往行动有助于多元共生教学思维模式的形成,并促进新型英语教学方式的发展(肖德林,2004)。也有研究者认为权力的赋予有助于加强对教师个体层面的关注,有助于教师在教学行动中生成专业认同,形成专业共同体,促进教学行动和教师专业发展(李昱华、刘万海,2017)。

在教学活动中,行动者并非只有教师,但是教学活动中教师的主导作用及其教学权力决定了教师是教学行动中的行动者。以教师作为出发点来对教学行动及其相关要素之间的关系进行实证研究,并尝试理解教师的教学行动,对于教学研究有重要的实践意义。王乐(2002)通过课堂观察和课后采访的方式对3位外语教师的课后反思情况进行了调查。结果显示,目前外语教师的教育理论与行动理论之间还存在较大脱节,教育理论的掌握如果没有行动理论的支撑,则会大大影响教学效果。当然,该研究并不是一个规范的质性研究,其研究结果的有效性值得商榷,但是该研究为我们提供了一个从行动来对教学进行研究的视角。教师的教学行动引导学生的学习行动,进而形成互动。而教师作为行动主体所拥有的符号资源,以及作为行动者的利益偏向,目的理性行动都是教师教学权力的来源以及教学行动可利用的资源。从社会属性来看,课堂教学中的社会行为可分为控制与服从、对抗与磋商、竞争与合作三个大类。有效的教学行动策略对于教学活动的有效性起到重要的作用,虽然我国英语课程改革在教学上已经取得了一定的成就,但是教师的"教学习性"对于教学行动策略有着重要的影响,"教学习性"是教师在理解课改,并生成教学时间行动的内在依据。在我国英语教学改革的不断推进过程中,仅仅注重形式上的教学行动改革是远远不够的,要改变教师的已有教学习性,并使教师的教学主体自觉性不断发展,需要我们对教师的教学观念和价值观进行深入的研究和探索(王雪、张艳,2013;王健,2007)。

教育教学改革的成败关键在于教师的教育教学理念,因此教师的专业发展应该注重从教育教学理念的形成和发展的角度进行探讨(黄辉,2008;徐泉,2011)。教师教学理念的形成,在很多研究者看来与其知识有一定关系,却和工作中的同事、同伴的影响关系更加密切。因此有研究者认为除了注重对教师自身的反思性教学能力以外,从教师团体的角度来对教师在与同事协作过程中的专业发展进行研究,也具有一定的实践意义。作为高校教师队伍中特点鲜明、规模庞大的群体,同伴互助更有利于这个教师群体间的协作与反思(秋杰,2013)。由于多方面的原因,教师中女性教师的数量比例一直较高。女性教师数量较多在教学工作中是一个较为普遍的现象。这个现象的形成原因较为复杂,因此我们更应该将研究关注点投入到对这一特殊群体在现实情境中的专业发展上,而不是仅仅去讨论其形成原因。女教师的多重社会角色需要我们对其职业生涯发展的影响因素进行进一步的人类学、社会心理学方面的探讨,有助于我们深入了解女教师群体的专业发展和职业规划特点,并对其职业处境投入人文关怀。女教师的多重社会角色决定其职业规划和个人应对在其专业发展中所产生的重要影响,客观公正的教师专业发展管理和政策制定有赖于对这部分群体的深入研究(蒋玉梅,2011)。除了教师群体中的性别因素外,教师专业发展方面的研究也对新手教师这一群体的研究投入了较多的关注。新手教师作为教学一线的新生力量,带着新时代的教学观、教学价值观等新观念进入到教师群体中,在很大程度上对大学英语教师的专业发展、提高教学质量、推进教学改革起着相对重要的作用(孔云军,2011)。

第四节 政策要素

将政策列入到教师专业发展的资本范畴，在教师专业发展的研究中很少见。但是在我们的研究中发现，教师有将教育政策的相关内容作为自己专业性活动的依据。这在教师这类专业人士的教育教学工作中是应该重视的一个方面。根据 Easton（1957）的观点，政策是指权威的决定，并付诸实施。公共政策包括政府制定并采取的一系列旨在解决问题或实现具体目标的规则和法律（Kraft & Furlong, 2013）。

通过从业人员和政府之间在政策层面的对话，以找到最好的教育问题解决办法，这应该是一个细致而周到的过程。决策过程将会遵循一系列合乎逻辑的事件，以确保所做的决策是根据所处情况和环境能做出的最佳决策。依据教育政策文件进行教育教学决策，本身应该是教育工作者专业性的一个重要表现。依据政策进行决策的过程是一个自我反思，以及符合一个社会绝大多数成员教育期望的行为。通常，我们把有教育工作者与政策相关的活动分为参与教育政策制定、执行和修订。在这里我们所指的教育政策，包括国家、地方政府、学校，甚至教研组等各个层面所能达成一致的规范性、指导性文件。

一、政策性文本的决策过程

决策过程是人类固有的。正如 Dewey（1910）所提到的，我们的思维是一种反思性的操作，在这种操作中，我们从一种怀疑的状态中寻找事实，以阐明不确定性，并确定我们的信念是对还是错。在公共领域，就像在日常生活中一样，问题不断出现，政府正是通过公共政策来解决这些问题。公共政策是官方的意图、法律、规范、法令和条例，换句话说，就是对问题的响应。政策是在这样一种背景下制定的，这种背景虽然不能决定它们，却能影响它们，使它们变得非常复杂，因为它们需要考虑大量的正式和非正式因素，包括价值观。政策产生于一个决策的过程，始于识别问题，然后编译相关信息，以及通过与不同专家和社会的对话分析所有可能的后果，最后形成决策以及后面的实施。

Dewey（1916）更好地解释了决策过程。

困惑和疑虑：某样东西还没有被清楚地识别出来。

初步解释：识别并阐明问题，明确事实和趋势。

分析问题：对有关问题的信息进行研究和观察，以便清楚地了解问题。

可能的解决方案：深入详细说明事实和结果，以提出初步的解决方案。评估行动的可能选项是否合逻辑，是否可行，并考虑其影响，以对未来的结果进行推论或产生想法。

决策：从可能的解决方案中挑选出经过考虑的最佳方案。

实施解决方案：已决定的解决方案被付诸行动。

结论：对执行的决策的结果进行判断。

决策过程会受到"自我意识、尴尬和约束"的影响（Dewey,1916）。这意味着，当一个人的想法和问题优先于他人的问题，同时重视他人对自己表现的看法，而不是真正解决问题，并且对问题没有清晰的认识都会影响他做出正确的决定。此外，决定会受到一个人的生活、职业和之前成功或失败的经历的影响。实际上，正如 Dewey（1910）所指出的，可能的解决方案大多都来自先验知识和过去的生活经验，这就在很多情况下导致忽略了对问题本身的思考。通过以前的经验和知识得出假设，而不是分析问题和寻找可能的解决方案，所以解决方案是草率的。同时，Dewey 认为这些假设中有许多个甚至基于之前没有人测试过的"证据"。

在决策的时候，专业人士们倾向于对人类的行为，以及影响人类行为所需的资源和行动做出假设。根据 Schneider 和 Ingram（1997）的定义，假设是"连接各个要素的或明或暗的根本前提"，它包括人们产生假设的价值观、思想、象征意义、目标和利益，以及他们对人口和权力关系的看法。他们通常不在政策中阐明，却在联系所有元素时起着基本的作用。

在一个特定的领域内，政策受到其内部发生的不同参与者、目标、网络和问题的影响，同样也受到已经建立的政治制度的影响。它们因"场"而异，随"时"而变（Howlett,2009），其中涉及不同的方面。

根据 Bobrow 和 Dryzek（1987）的研究，人们往往将注意力集中在制定政策的过程中，而忽略了做出特定选择的原因。因此，我们有必要对推动特定政策的假设进行思考。假设不仅对政策选择有影响，更重要的是对发展特定的行为有影响。因为重要的是它"有自我意识，并且要考虑自己的范例、假设、隐性理论、基础设施和作为明确的学科研究及其有意识塑造的应用程序"。

二、政策和法规

Howlett（2009）将法规描述为用法定权威来确保大众服从。在许多情况下，它们往往规定了义务，以及违反这些义务后应受到的制裁。因此，相对于政策来说，法规的目标是控制目标人群的行为，限制他们的自由，所以它是具有指导性和凝聚力的机制。

法规假设：人们遵守法规而不需要积极的强化，因为人们有一个公认的信念就是人类倾向于采取行动来避免制裁。然而，对于教育而言，法规不仅是关于服从或执行的行为，而且是关于鼓励改进和做出最佳方法。

Elmore（1987）认为，当决定法规时会有许多的假设。第一，人们认为没有规则约束的行为将与人们所期望的行为相反。因此，人们需要建立一个规范行为的框架。从这个意义上说，其他更有说服力的政策工具被丢弃，因为它们被认为不足以规范人们的行为。第二，人们认为法规为谁制定，谁就应该遵守。第三，人们认为目标人群拥有采取相应行动所需的所有信息。第四，制裁的存在确保了人们遵守法规。

三、教育政策的效用

教育的监管工具非常多样，且手段各不相同。政策法规的目的是确保教育教学的效率和质量，而太松懈或太严格都有可能导致低质量的劳动力供应。反之，适当的监管可以保证质量，确保财政的承受能力，并向受教育者提供信息。法规可以从一个校园中开始，然后循序渐进地运作。所有这些都是为了避免不正当的教育行为，保护受教育者不受低质量教育教学的损害。各级教育委员会的规定是被用来确保系统的可持续性和质量、学生的优质体验以及未来发展。随着国家角色由教育提供者向监管者转变，教育政策规定的监管框架尽管包含不同元素，但也逐渐表现出一定的共识。

立法：包含对教育者的义务、权利和要求的规范和规则。
院校设立的程序：认定、注册、信誉。
教育质量保证过程。
教育辅助和激励政策：助学金和助学贷款计划。
报告和评价表现的程序。

需要指出的是，这里要知道教育系统可以被多个社会或者行政系统约束。这里只关注政策法规方面（图4-1）。

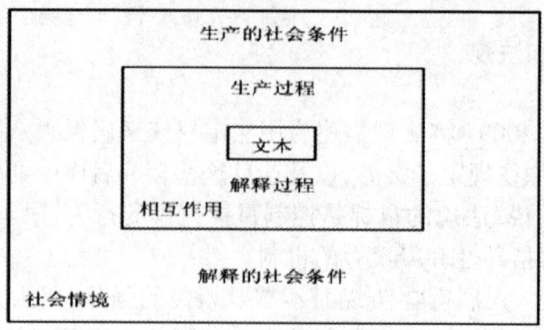

图 4-1 政策的形成

2020年是《国家中长期教育改革和发展规划纲要(2010—2020年)》的收官之年,既是对我国10年来教育改革发展进行总结的一年,也是再次深入继续发展的开端年。同时英语基础教育课程标准的改革和制定历程也走过了将近20年的历程。回顾《纲要》中第二部分发展任务中第四章对于义务教育发展改革的表述,"提升教育质量""严格执行义务教育国家课程标准""均衡发展""缩小城乡差距""减轻课业负担""家校合作"等话语依然是中国知网中的基础教育研究的热点话题。这些研究热点及高居不下的年学术发文量似乎向我们在传达一个信息:基础教育改革发展依然"任"重"道"远。到底"任"重在哪里?"道"远向何处?通过文献检索发现,目前对同类研究话题多集中于政策文本的话语分析。夏贵敏(2019)对政府工作报告中教育政策部分进行了话语分析,这样的话语分析基本上是对政策文本的解读,而这种解读到底是被一线教师如何理解的,或者一线教师是否理解了,对这类问题却并没有涉及。彭彩霞(2016)基于国际语境视角对我国改革开放以来基础教育课程政策话语的发展变化进行了解读。这样的解读有助于我们从国际的视角来对我国全人发展的教育政策话语进行解读,但是这样的解读对于我国各地区解决实际问题没有任何的实际意义。邓家英(2015)对重庆市学前教育政策文本做了话语分析,但基本上和前两个研究一样,只是对重庆市教育政策文本的发展阶段做了一个历时分析,从其结论看,重庆市学前教育政策基本上和我国的教育发展政策各阶段相一致。上述几例研究,都意识到政策文本话语的重要影响力和作用,但是在这些分析中都没有一线教师的身影,也就是都没有关注到教育政策文本的具体执行阶段,特别是基础教育一线教师是如何理解政策话语,如何在教学实践中表达其理解的,相关研究几乎没有。本研究认为教师作为整个教育政策话语表达的最后一环,其如何理解并通过教学的手段将政策话语向受教育群体表达出来是

第四章　促进教师专业资本形成的策略探讨

决定教育政策执行效果的最关键阶段。如果我们的研究只是停留在对政策话语的表述特点进行分析，实际上是忽视了政策执行的最关键阶段，容易形成政策话语的"自说自话"。通过文献阅读，本研究认为基础教育改革"任"重在教师对政策话语理解，"道"远在政策话语的教学表达。

　　福柯学派认为，语言使用本身不是重点问题，他们更关心的是通过语篇、话语分析所折射出的社会实践、社会事实以及相关问题。语言不仅反映社会秩序，而且形成、建构社会秩序，建构个人与社会的互动。语言、篇章（文本）和话语非常有效地建构社会，调节并控制知识、社会关系和机构，它们具有建构和体现人的社会身份和行为的功能。王熙（2010）认为批判性话语分析 Critical Discourse Analysis（CDA）特别强调在情境中体会语义和语用；在意义诠释的基础上，批判性话语分析还具有一层"批判的维度"，研究者需借助社会学及教育学的相关理论去挖掘蕴含在文本之中的权力。在教育研究中，王攀峰（2008）认为批判性话语分析为人们提供了一个新的视角，并从批判话语分析的视角探究了教育研究的价值负载和价值反思，以及批判话语分析对社会过程和结构的关注对教育研究实践旨趣的符合。批判话语分析 Critical Discourse Analysis（CDA）认为文本是文本生产过程中书写或口头的产品。话语实践指话语的生产过程和解释过程，它意味着一种相互作用，即言语者和被言语者之间的相互作用，或作者和读者之间的相互作用，即人们在生产和解释文本时依赖于语言知识，对自然和社会的认识、价值、信仰等因素，而这些因素具有社会性。新制度主义 Neo-Institutionalism（NI），包括理性选择制度主义、历史制度主义和社会学制度主义。其中，理性选择制度主义将制度界定为规则或程序，历史制度主义的制度范畴包括正式或非正式的程序、惯例、规范及习俗，社会学制度主义主张将同人类行动者的意义框架有关的符号、认知、道德模式等因素，甚至文化理解为制度（马雪松、周云逸，2011）。在对有关教育政策的研究中，历史制度主义成为学者较为倾向的理论视角。周光礼、吴越（2009）与黄容霞（2010）认为历史制度主义建立在对结构主义和理性主义的批判之上，并吸取了两者的精髓，指出需要从制度的深层结构和特殊制度现象两方面入手，寻找制度背后更具普遍意义的基本因素来解释特殊的制度现象，同时关注在普遍存在的基本因素与特殊制度现象之间的行动者，建立逻辑联系。历史制度主义基本假设是路径依赖。刘东彪、傅树京（2018）根据美国波士顿大学薇安·施密特（Vivien Schmidt）教授提出的话语制度主义理论，探讨了教育政策分析中观念、话语和制度的三维分析框架，并将该框架分为外环和内环两个层次。外环描绘了观念、话语和制度三要素的互动关系，体现出了一个相互影响,逐渐深化和往复循环的过程。内环以教育政策为中心,展现出观念、话语和制度三要素对教育政策的综合性作用与机制。我们发现,教师对于其所在教育教学场域中所存在政策性和制度性话语有着一定的敏感性,特别是对政策文本中对于教师专业行为的描述尤为关注。教育政策文本一直以来都是教师专业发展所依赖的指引性资本。这类资本对教师的专业观念、专业行为有着积极的指导性意义,也更有着规范性意义。因此教师的专业性话语表达以及政策文本对教师专业性发展的影响(图4-2)。

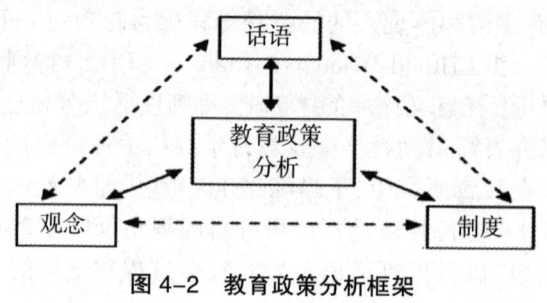

图 4-2 教育政策分析框架

第五节 文化要素

教师作为社会大系统中一个具有独特性的群体,在许多方面表现出相异于其他群体的特征,这主要是由于教师的职业特点所决定的。教师劳动的复杂性和整体性,教师劳动对象的特殊性以及教师与劳动对象相互之间独特而微妙的双边关系,使教师群体充满了神秘而奇妙的专业特质。教师群体又以其特有的方式——教师文化,使人们充分感受教师的职业味道和专业性。专业共同体下的自律文化包括:专业自律、文化自律、道德自律。从他律到自律中间需要正确有效的培育路径,自我更新、专业可持续发展,需要自律的文化作为保障。

一、教师文化的内涵

教育与文化有着密不可分的关系。学校作为一种社会组织,与其他社会组织一样有着自己的文化特征。教师作为学校这一社会组织的主要群体,有着非常显著的地位,在某种意义上教师文化就代表着学校文化。在教师劳动过程中,每个教师同时作为独特个体和群体的一名成员而存在，其教育教学活动既受到丰富的个体文化的影响，也深受群体的共同习俗和风气所感染，在教师身上可以看到深深的文化烙印。教师文化是在学校情景下，教育教学过程中发展起来的教师群体的教育理念、价值导向、行为规范等方面的总和，在一定程度上规定学校的价值系统，影响着学校的专业传统。

日本课程专家佐藤学在其专著《课程与教师》中，对教师文化提出了操作性的定义和理解的视点。在他的书中，所谓的"教师文化"指教师的职业意识与自我意识、专业知识与技能，感受"教师味"的规范意识与价值观、思考、感悟和行为的方式，等等，即教师们所特有的范式性的职业文化。他还设定了四个视点去进一步理解教师文化：第一，教师文化的多样性与多层性；第二，教师文化是基于学校与课堂的社会话语而生成的人际关系；第三，教师文化不仅有经验世界生成的侧面，还有作为符号性意义空间之束缚起作用的侧面；第四，教师文化的传承与再生产过程。从这样的定义之中可以看到，教师文化既包含了教师个体与教师群体对教师职业理解和呈现方式的多样化，也涵盖了复杂的社会关系的内容，还揭示了教师文化的生成性。理解这样的教师文化，将有助于理想教师文化的构建。

首先，教师文化是一种专业文化，直接对教育专业活动产生影响。作为教育活动的承担者、组织者及参与者，教师自身特有的文化对活动本身有着或多或少的制约，对教育过程的作用更是举足轻重。教师文化的影响有时是通过整个教师群体直接表现在教育活动中，有时借助课堂教学以教师个体行为的方式得以体现，如教师群体的职业道德和规范，教师个体身上散发的文化气息等。这些影响既可以表现在显性的、有意识的行为及其规范之中，也可能表现在无声无息的情感或人格的潜移默化之间。但无论如何，教师文化是在对教育专业活动的对象以及活动本身产生不可替代的影响，因此具有强烈的专业文化色彩。

其次，教师文化是一种生成性的文化，具有可塑性。尽管教师专业被定义为一门专业，但教育生活本身就是确定性与不确定性的统一，所以在教师工作过程中，常常表现出教师职业特有的许多"不确定性"特征。这种"不确定性"影响着教学，使教学呈现多元化和多样性，也展示了教学过程的生命化特征和丰富性色彩。也正是这种"不确定性"对教师文化的生成和发展提供了极大的可能性，教师文化可以朝着应然的方向发展。而文化生成的根基源自实践，课堂就是教师文化的生长空间。

此外，教师文化应该成为一种自主合作的文化。教师文化是教师专业发展的核心内容之一，教师的专业发展过程中应把教师文化的建设放在重要地位上。哈格里夫斯将教师文化分为四类：个人主义文化、派别主义文化、人为合作文化及自然合作文化。人为合作文化是指教师之间的合作是由外在行政控制的，合作的主要目的在于满足科层制度的要求，而不是学校实践的要求和个人的本意，因而这种文化带有一些政治性取向和某种强制性色彩；自然合作文化是指教师之间相互学习，互相帮助，共同克服困难，这是学校组织经历文化再生的过程之后而形成的更高级的合作文化，是渗透在日常教学中的教师之间的自然而然的合作，是一种具有浓厚的自主性的合作。在自律基础上成立的教师专业共同体，正是教师文化的理想状态。

在许多国家，教师文化建设作为学校管理的一个重要方面，对提高学校的管理水平、教育教学质量、教师自身的专业发展越来越发挥着重大作用。尽管教师文化有其个人化和个性化的特征，教师的专业发展是一种个体的成长历程，但并不意味着教师在这一历程中应处于孤立保守的位置。同济互助的合作是促进教师个人以及相互间的专业发展的有效方式。正如佐藤学教授所言，"学校成功的决定性因素在于教师专业成长的合作关系的有无，教师专业成长的决定性因素也在于校内教师合作关系的状态。"

二、自律文化的实现路径

教师是人类社会活动中的一个具有鲜明特点的独特群体。这种独特性主要是由于其独特的职业特点和工作方式所决定。佐藤学在其《课程与教师（钟启泉译）》中设定了反映教职工作的三个特征概念：回归性（reflexivity）、不确定性（uncertainty）、无边界性（borderlessness）。他认为这三个特征也促成教师的存在论危机。教师在这些环境的影响下逐渐产生了教师文化的变异和弱化。文化从不同的学科角度来看有着不同的内涵。哲学认为文化是哲学思想的一系列表现形式；存在主义认为文化是对一个人或一群人的存在方式的描述，即某一群人在历史性的存在过程中的言语、行为方式、意识或认知方式的综合。对于教师文化，哈格里夫斯（Hargreaves, A）认为有大致四个类型：个人主义文化、派别主义文化、人为合作文化、自然合作文化。自然合作文化是合作文化的高级阶段。它是渗透在日常教学中的教师之间自发的、自然而然的合作。教师之间相互观摩学习、互相帮助、共同克服困难。优秀的教师文化有利于培养人才，营造良好的学习环境。对于高校教师来说，其工作比其他层面的教师工作更加富有弹性且松散。这样的工作特点让高校青年教师在成长中，

第四章 促进教师专业资本形成的策略探讨

缺乏寻求职业能力发展的自觉性,造成其职业成长速度变缓,职业倦怠期出现较早。教师自律文化是指教师为了实现其职业的可持续性、主动性发展而对自己设定的一系列规约,在遵守这些规约的基础上而进行的思想、意识和行为等方面的自我主动规划和约束。在青年教师中进行自律文化的培育,促进青年教师主动地融入学校的专业共同体,促进青年教师专业成长内在动机的形成,对于实现人才的可持续性发展具有一定的实践意义。笔者认为专业共同体建设是培育青年教师的自律文化的有效方式。专业共同体的构建可以有效提升青年教师职业能力发展的自觉性,促进青年教师自我更新式的发展,促进教师的职业发展从他律到自律。在本研究中专业共同体视角下的自律文化包括:专业自律,文化自律,道德自律。

青年教师的自律文化形成,与其所在职业环境中的共同体化程度高低有一定的联系。教师专业共同体的形成,能够有效地促进青年教师在专业、文化、道德三方面形成自律文化。在共同体的文化体系中,青年教师从合作性的实践活动中来丰富自己的专业、文化、道德智慧。该体系有利于青年教师职业能力的可持续性发展,有利于形成具有强联结性、自组性、归属感的教师成长环境。

(一)专业自律:共同发展,专业分享

教师这一职业在专业发展上更容易陷入单打独斗的境地。而青年教师如果缺乏融入专业集体的自律态度,就易于造成其专业发展中缺少互动对话、分享以及反思,其专业发展中经常充斥着无力感、无意义感。教师专业共同体的建设是促进教师专业自律的有效途径,进而在促进其专业发展中发挥作用。

1. 自觉寻求专业发展中的资源共享

教师这一职业的专业发展比其他任何职业更明显地需要对话和分享。每位教师作为一个独立、独特的个体,都在其独有的学习和工作经历中形成了具有鲜明特色的知识及经验结构。同一门课程的教师,同一个专业研究方向的不同教师,其在教学内容处置、教学方式方法以及科研思路等方面的表现也不尽相同。即使是执教同一学科的教师在教学内容的处理、教学方法的选择、教学情境的创设等许多方面也是各具风采。可以说,教师专业共同体中成员的多样性和差异性本身就是一种重要的学习资源。专业共同体中的资源互补,有利于青年教师完善其专业能力,促进专业反思。一种互信、互相开放式的交互主体性,促进教师之间的交流互助。

这对于青年教师来说是宝贵的成长资源。专业共同体的深入发展会对青年教师的专业发展提供良好的资源平台，也会对青年教师的专业发展产生足够的吸引力，进而促进其自觉寻求更多的资源以满足其自身发展需求。

2. 专业知识结构深化和完善

受到建构主义理论的知识观和学习观影响，对话、协商和分享在个体知识学习和经验成长中扮演者及其重要的角色。青年教师能够通过互助式的伙伴关系自觉进行寻求支持与引导，深化和完善自己的专业知识结构。

3. 专业知识与经验分享

在教师专业共同体中，青年教师获得了与经验教师和专家型教师进行互动的机会。多种通道和互动方式促进了彼此分享各自的想法、观点和信念，进而丰富了青年教师的知识经验体系。教师专业共同体的建立会让青年教师在这种互惠互利的氛围中坚定其专业发展决心。

4. 促进教师进行专业反思

教师专业共同体可以通过对话让各种想法和观点进行自由交流。对话可以让教师以更全面的视角来审视问题。通过对话，青年教师还可以对自己的观点进行反思，完善理解。教师专业共同体中丰富的对话使教师有机会对个人观点、信念和假设进行反思和修正，在持续的自我更新中形成一种自觉反思式的专业发展。

(二) 道德自律：自我反思

教师工作是一种特殊的专业劳动，赫尔巴特很早就指出了教育教学活动中的教育性。没有任何一项社会活动能像教学这样和人的道德活动紧密相关。教师的道德自律是指教师能够严格按照职业道德要求，对自身职业形成良好的自我调控，并能自觉履行相应职责。教师的道德自律缘于具有他律特征的各项学校规章制度和社会诉求，形成于自身不断的教学生活中，完善于深入理解教育之后。道德自律一旦形成，就会成为教师自我行为的一种指导原则，影响着教师的教育教学活动和自我道德成长。在专业共同体的建设中应该注意给青年教师提供自我学习、自我锻炼的机会，使青年教师有机会通过与有经验同伴进行经验分享，不断自我反思进而将外在规约内化为自主诉求，构建道德自律。青年教师道德自

第四章 促进教师专业资本形成的策略探讨

律的形成有赖于青年教师能正确地认识自我,以及自我与环境之间的关系;有赖于对自我责任和义务的正确认识;有赖于对自我优缺点和自我修养的正确认识。在专业共同体的框架下,青年教师通过不断自我反思,以及直接经验和间接经验的获得而逐步正确评价、发展自我,形成正确的道德自律。

（三）专业自律：引领教师走向共同发展

教师劳动作为一种特殊的专业劳动,应受到专业道德的约束。教师的自律是指教师按照专业道德的要求,形成对自身职业的良好认知和自我调控,能自觉地履行职责,全身心投入地工作。教师的自律有时候是在学校教育制度下规约而成的,但更多的是教师在不断的教学生活中,通过深入理解教育而形成的。教师的自律精神一旦形成,将成为教师赖以生存的一种文化,影响和改变着教师的教学生活。

1. 持续反思,重建教师的教学生活

课堂是教师与学生共同的教育生活世界,也是教师文化、学生文化的源生地。课堂教学从某种意义上说是学生对不同教师的教学文化的适应过程。在许多学校教育的例证中不难发现这样的"普遍规律"：一个教师的教学文化若能被众多学生所接受,则其教学也能在众多学生中取得应有的效果;对某个学科教师的教学文化适应能力强的学生,在这门学科的学习中必然也比一般的同学好,反之亦然。由此可见,教师在教学过程中必须经常有意识改进或调整自己的教学方式,善于创新教学,勤于反思,并以自律文化为支持促进专业发展。新课程背景下的教学倡导对话、合作与探究,力图超越传统的"记忆型教学文化",创造新型的教学模式所需求的"思维型教学文化"。它要求教师在教学中创造一种"思维文化",其要素包括：思维语言、思维倾向、思维控制、策略精神、高层次知识转换。这种思维文化要求教师改变机械地讲授书本知识的教学模式,鼓励教师进行创造性教学,教师必须进行反思,而且要把反思当成日常教学生活的一种习惯。反思意味着对以往经验的批判、重组。教师的专业自律精神能时刻提醒他们,作为学生成长路上的"重要他人",只有勤于反思,乐于改进教学,才能适应新变化,在专业发展的道路上越走越远。

教师的教学叙事是促进教师反思的主要途径。教师将自己的某节"课堂教学"或自己经历的教育事件通过叙事的方式向他人讲述,或者以反思日记或教育随笔的方式记录下来,使之成为一份相对完整的案例。这种叙述不仅可以启示他人,引起共鸣,而且教师可以在自己的叙述中"反省"教学过程,在此之后会有目的地改进自己的教育实践。教师在日常生活、教育实践中形成的个体教育观念,如同自己的教育哲学,有很强的文化背景因素和主观色彩,这些观念直接影响教师对某个教育问题的判断,并进而影响其教育行为的实施。教师相互之间的教学叙述,不仅有助于帮助教师回顾和反思教育活动,还能提醒教师消除那些根深蒂固的不良隐性教育观念的影响,从而找到改进教学的思路,重建自己的教学观。教师在专业自律精神的支配下才能把反思当作教学生活的一部分,而教师之间的合作正好可以强化这点,因为同行的关注更容易引发教师实现对自我的超越。

2. 自主创造,激活教师专业发展的潜能

教师专业发展是一个长期的过程,需要教师在自己的专业"田野"上进行长期的研究与创造,也只有这样,才能彰显教师在专业发展中的自主性,进一步激活教师内在的发展潜能。教师首先应该自觉主动地成为一个真正的"研究者",这也是提升教师专业自律精神的有效途径。教育专业所特有的工作场所为教师成为研究者提供了可能,教室就是教师天然的实验室,鲜活的教育情景、生动的教育实践过程是教师进行研究的丰富资源。教师作为教育领域中的专业人员,不仅是教育专业知识的实践者,往往也是教育专业知识的创造者。因此,在教育活动过程中,教师可以通过实践不断发掘自己在教育活动中的潜在价值。教师专业发展强调教师作为一个发展中的专业人员,其发展是长期的、持续的,甚至是终身的。教师专业发展是教师作为主体的主动发展过程,而教师的专业技能也是在培养训练和自我的主动发展过程中逐渐形成的。"教师即研究者(teacher as researcher)"正是在尊重教师作为主体的基础上提出的一条有效的教师专业发展之路。

教师劳动也是极富创造性的,教师工作对象的可变性、发展性以及教育任务和责任的不断复杂化决定了其在工作中应有的灵动性。教师的创造性劳动就表现在教师能够在不同的场景中,面对不同的教育对象,以自己独特的理解和富有个性的方式开展教育与教学工作。教师的工作是触及心灵、深入灵魂的细致工作,人的心灵深处特有的敏感性无时不要求教育者睿智的判断,灵敏的直觉以及独到的领悟,教师正是在这样的环境中发挥着自己独到的智慧,完全依赖自己的经验与直觉,全然展现了教育中的自由创造。教师的创造性与教师专业发展是相辅相成的。在充分发挥自主性的基础上,教师对自己的专业有更深的领悟,将有利于教师积极主动地追求自我发展和不断丰富教师文化的内涵。

第四章　促进教师专业资本形成的策略探讨

教育活动中有两种自由,一种是行为领域的自由;另一种是精神领域的自由,精神领域的自由表现为理智自由、思想自由、发展的自由等,这是一种个性自由。个性自由是在主体自身关系中,作为主体的人按照自己所固有的内在本性的要求去支配自身的存在和发展,个性自由实现了人的自我价值和自我追求,表现为人的自由发展,这是一种积极的自由。教师在教育活动中表现的这种自由既是精神领域的自由,也是理性选择的自由。理性选择下的自由发挥总要受到一定的约束,教师的教学自由权受教师专业团体及其文化的约束,但教师专业更多的是以一种自律文化对教师的教学进行调整和改进。教师专业文化的生成基础来自对课堂教学实践的反思,而教师对教学的反思通常以叙事的方式表达出来。在反思与叙事基础上逐步形成的教师专业文化,其核心内容就是自律。这种自律文化源自教师专业的特殊性和教育工作的深入性,因为一切教育活动最终要通过教师发自内心的主动参与才能产生最大的效果。更何况,教育也是教师以其智慧和真情引领心灵的过程,是培养和造就自主发展的人的过程,教师的自律文化也能化为一种"无声胜有声"的教育力量。

加拿大著名的教育学者迈克尔·富兰呼吁,"我们需要的不是个别教师的孤立的激情,我们需要的是一种包括但又超越个体的激情。"教师合作使每个教师在张扬自我的同时,又将在同济互助下实现自我。在合作中,教师才能获得专业发展和创新的持久动力,才能真正感受教育是一种"幸福的职业"。

参考文献

[1] 阿尔弗雷德·许茨:《社会世界的意义建构》,霍桂桓译,北京:北京师范大学出版社,2017年。

[2] 埃米尔·涂尔干:《社会分工论》,渠东译,北京:生活·读书·新知三联书店,2000年。

[3] 埃哈尔·费埃德伯格:《权力与规则:组织行动的动力》,上海:上海人民出版社,2017年。

[4] 安迪·哈格里夫斯,迈克·富兰;《专业资本——变革每所学校的教学》(高振宇译),上海:华东师范大学出版社,2015年。

[5] 安东尼·吉登斯:《社会的构成》,李康,李猛译,北京:生活·读书·新知三联书店,1998年。

[6] 安东尼·吉登斯:《现代性与自我认同:现代晚期的自我与社会》(赵旭东,方文译),北京:生活·读书·新知三联书店,1998年。

[7] 安东尼·吉登斯:《社会理论与现代社会学》,文军,赵勇译,北京:社会科学文献出版社,2003年。

[8] 保罗·弗莱雷:《被压迫者教育学》(顾建新等译),上海:华东师范大学出版社,2015年。

[9] 保罗·克拉克:《学习型学校与学习型系统》,铁俊,李航敏等译,北京:中国轻工业出版社,2004年。

[10] 彼得·伯格,托马斯·卢克曼:《现实的社会建构》(汪涌译),北京:北京大学出版社,2009年。

[11] 布赖恩·特纳:《社会理论指南》,李康译,上海:上海人民教育出版社,2003年。

[12] 布鲁斯·乔伊斯,玛莎·韦尔:《教学模式》,北京:中国人民大学出版社,2014年。

[13] 操太胜、卢乃桂:"论学校组织变革中的教师认同",《华东师范大学学报(教育科学版)》,2005年,第3期,第43-48页。

[14] 常亚慧:"教师:夹缝中的行动者",《当代教师教育》,2008年,第

1期,第78-82页。

[15] 查尔斯·莫里斯:《指号,语言和行为》,周易译,上海:上海人民出版社,1989年。

[16] 陈朝新:"应对课堂冲突的教学机智培养策略探讨",《当代教育科学》,2014年,第6期,第32-33页。

[17] 陈向明:《质的研究方法与社会科学研究》,北京:教育科学出版社,2000年。

[18] 程良宏:《教学的文化实践属性研究》,博士学位论文,上海:华东师范大学,2017年。

[19] 程晓樵,吴康宁,吴永军,刘云杉:"教师课堂交往行为的对象差异研究",《教育评论》,1995年,第2期,第11-13页。

[20] 董静,于海波:"教学理性:从'自在'到'自为'的转变",《教育理论与实践》,2015年,第7期,第51-55页。

[21] 段志贵,顾翠红:"学生发展:课堂教学行动指南",《现代中小学教育》,2007年,第12期,第13-15页。

[22] 段义孚:《空间与地方:经验的视角》,王志标译,北京:中国人民大学出版社,2017年。

[23] 恩斯特·卡西尔:《卡西尔论人是符号的动物》,石磊编译,北京:中国商业出版社,2016年。

[24] 恩斯特·卡西尔:《符号的形式哲学》,赵海萍译,吉林:吉林出版集团股份有限公司,2018年。

[25] 樊华,赵婉秋:"日本高校英语教学对我国大学英语教学的启示",《学理论》,2015年,第27期,第169-170页。

[26] 方克立:《中国哲学史上的知行观》,北京:人民出版社,1982年。

[27] 方文:《社会行动者》,北京:中国社会科学出版社,2002年。

[28] 高振宇:"教师专业资本的内涵、要素与建设策略",《教师发展研究》,2017年,第1期,第72-78页。

[29] 郭华:《教学社会性之研究》,北京:教育科学出版社,2002年。

[30] 郭强:"'强强纲领':知识行动论的知识逻辑",《同济大学学报(社会科学版)》,2013年,第2期,第67-76页。

[31] 郭强:《社会根理论:知识行动论研究(第二卷)》,桂林:广西师范大学出版社,2013年。

[32] 郭强:《社会根理论:知识行动论研究(第三卷)》,桂林:广西师范大学出版社,2013年。

[33] 郭强:《社会根理论:知识行动论研究(第一卷)》,桂林:广西师

范大学出版社,2013年。

[34] 郭维富,冬青:"'场域—资本—惯习'理论视角下的中国外语教学",《东北师大学报(哲学社会科学版)》,2013年,第4期,第201-204页。

[35] 郭乙瑶,林敦来:《北京师范大学大学英语测试体系建构:理论与实践》,北京:外语教学与研究出版社,2016年。

[36] 胡金平:《学术与政治之间的角色困顿——大学教师的社会学研究》,南京:南京师范大学出版社,2005年。

[37] 胡之骐、何英:"师生共同体中教师行动的彰显与遮掩——基于阿伦特行动理论的考察",《教育理论与实践》,2016年,第13期,第33-37页。

[38] 黄国文,徐珺:"语篇分析与话语分析",《外语与外语教学》,2006年,第10期,第1-6页。

[39] 黄容霞:"我国高等教育质量保障政策60年演变(1949—2009)——基于历史制度主义分析视角",《现代大学教育》,2010年,第6期,第69-76,112页。

[40] 黄越:"工作坊教学模式下的大学教师角色——以翻译课堂教学为例",《大学教育科学》,2011年,第6期,第56-60页。

[41] 黄辉:"试论大学英语教师自我发展",《中国成人教育》,2008年,第13期,第97-98页。

[42] 黄伟:"应用型本科院校学生大学英语学习动机调查及启示",《英语教师》,2016年,第16期,第33-38页。

[43] 吉登斯:《现代性与自我认同》,赵旭东,方文译,北京:三联书店,1998年。

[44] 教育部:《国家中长期教育改革和发展规划纲要(2010—2020年)》,北京:教育部,2010年。

[45] 教育部:《大学英语教学指南》,北京:中华人民共和国教育部,2015年。

[46] 金世斌:"价值取向与工具选择:新中国高等教育政策的嬗变与逻辑",《江苏高教》,2013年,第1期,第55-57页。

[47] 卡尔·曼海姆:《知识社会学导论》,张明贵译,台北:风云论坛出版社,1998年。

[48] 凯瑟琳·马歇尔,格雷琴·B·罗斯曼:《设计质性研究:有效研究计划的全程指导》(何江穗译),重庆:重庆大学出版社,2015年。

[49] 康叶钦:"在线教育的'后MOOC时代'——SPOC解析",《清华大学教育研究》,2014年,第1期,第85-93页。

[50] 康晓伟：《教师知识学：当代西方教师实践性知识思想研究》，北京：北京师范大学出版社，2017年。

[51] 克里斯·阿吉里斯，罗伯特·帕特南，戴安娜·麦克莱恩·史密斯：《行动科学》，夏林清译，北京：教育科学出版社，2012年。

[52] 库小玲：《互动仪式链视角下的"边缘生"现象研究》，硕士学位论文，南京：南京师范大学，2016年。

[53] 兰德尔·柯林斯：《哲学的社会学》，吴琼等译，北京：新华出版社，2004年。

[54] 兰德尔·柯林斯：《互动仪式链》，林聚任等译，北京：商务印书馆，2012年。

[55] 兰德尔·柯林斯，迈克尔·马科夫斯基：《发现社会》，李霞译，北京：商务印书馆，2014年。

[56] 雷卫平："教育行动：校本课程开发的实践取向"，《当代教育与文化》，2018年，第2期，第38-42页。

[57] 李·S.舒尔曼：《实践智慧：论教学、学习与学会教学》（王艳玲等译），上海：华东师范大学出版社，2014年。

[58] 李大勇："自组织理论与大学课堂教学模式"，《黑龙江高教研究》，2012年，第6期，第179-181页。

[59] 李钢："和谐与渐进发展：社会话语镜像中的中国教育政策调整机制"，《公共管理评论》，2006年，第1期，第91-113页。

[60] 李红美，陆国栋，张剑平："后MOOC时期高等学校教学新模式探索"，《高等工程教育研究》，2014年，第6期，第58-67页。

[61] 李佳霖："改革开放40年我国高等教育教学政策的变迁与展望"，《武汉交通职业学院学报》，2018年，第4期，第1-7,15页。

[62] 李均："新中国高等教育政策65年：嬗变与分析"，《大学教育科学》，2015年，第2期，第79-87页。

[63] 李茂国，周红坊，朱正伟："科教融合教学模式：现状与对策"，《高等工程教育研究》，2017年，第4期，第58-62页。

[64] 李雪飞："高等教育质量话语权变迁——从内部到外部的历史路径探析"，《清华大学教育研究》，2006年，第4期，第89-94页。

[65] 李宝荣："行动学习：教师现场式学习的有效路径"，《中国教育学刊》，2017年，第7期，第30-35页。

[66] 李广侠：《教师权威的丧失与重构》，硕士学位论文，济南：山东师范大学，2016年。

[67] 李慧敏，张洁："走向教育的'二重性'——探求安东尼·吉登斯

结构化理论的教育意义",《河北大学学报(哲学社会科学版)》,2005年,第5期,第100-103页。

[68] 李松林:《控制与自主:课堂场域中的权力逻辑》,北京:教育科学出版社,2010年。

[69] 李伟,李润洲:"论教师文化的重塑",《教师教育研究》,2010年,第6期,第26-28页。

[70] 李文跃:"教学符号互动:课堂情感机制生成的重要路径——符号互动论的视角",《现代大学教育》,2013年,第6期,第7-13页。

[71] 李文跃:"符号、教学符号与教学符号互动的探析——基于符号互动论的视角",《现代大学教育》,2013年,第10期,第53-56页。

[72] 李永莲,刘劲松:"浅议教师的智慧性教育行动",《现代教育科学》,2009年,第6期,第25-27页。

[73] 李昱华,刘万海:"教师专业认同度提升的有效策略探析——基于行动理论的分析",《现代教育科学》,2017年,第3期,第53-57页。

[74] 林南:《社会资本:关于社会结构与行动的理论》,张磊译,上海:上海人民出版社,2004年。

[75] 刘畅,曹峰梅:"高校MOOC建设中的探索与实践——以'中国大学MOOC'平台为实例",《教育探索》,2016年,第5期,第131-133页。

[76] 刘春莲,李茂林,吴显春:"信息技术对我国大学教学模式的影响论析",《电化教育研究》,2008年,第12期,第51-54页。

[77] 刘东彪,傅树京:"观念、话语、制度:一个教育政策分析的三维框架",《现代教育管理》,2018年,第2期,第29-33页。

[78] 刘芙,齐伟:"MOOC在我国高等教育中的功用研究",《现代教育管理》,2015年,第6期,第86-91页。

[79] 刘晖,李晶:"我国高等教育质量保障政策变迁研究——基于1985—2016年的政策文本",《苏州大学学报(教育科学版)》,2018年,第2期,第24-32页。

[80] 刘娟:"基于云平台的翻转课堂教学模式研究",《中国成人教育》,2016年,第15期,第90-92页。

[81] 刘文,胡巍,陈志伟,孟春晓,张建勇:"基于'教问'的混合式学习模式设计与实践",《黑龙江畜牧兽医》,2016年,第20期,第230-232页。

[82] 刘赞英,王岚,朱静然:"构建研究性教学模式的难点和突破口",《中国高等教育》,2008年,第2期,第40-42页。

[83] 吕萍,慕芬芳:"基于项目的多课程协同教学理念和实践",《高等工程教育研究》,2012年,第4期,第171-175页。

[84] 刘冬梅："教师课堂教学行为研究评述",《黑龙江教育学院学报》,2012 年,第 12 期,第 44-46 页。

[85] 刘径言:《教师课程领导学校场域与专业基质的个案研究》,博士学位论文,吉林:东北师范大学,2011 年。

[86] 刘珺珺,赵万里:《知识与社会行动的结构:知识社会的理论与实践研究》,天津:天津人民出版社,2005 年。

[87] 刘少杰:《后现代西方社会学理论》,北京:社会科学文献出版社,2002 年。

[88] 刘涛:"论人力资本视域下的高校教师专业发展",《当代教育科学》,2011 年,第 7 期,第 26-29 页。

[89] 刘新阳:《"教师—资源"互动视角下的教师教学设计能力研究》,博士学位论文,上海:华东师范大学,2016 年。

[90] 刘雪飞,骆徽:"社会资本与教师专业共同体知识共享",《中国高教研究》,2013 年,第 3 期,第 59-63 页。

[91] 刘焱:《场域共生:教师权威与学生自由》,硕士学位论文,广东:华南师范大学,2007 年。

[92] 刘庆昌:"论教学理念的操作转换",《当代教育与文化》,2009 年,第 21 期,第 91-96 页。

[93] 柳夕浪:"教学惯习·教学专业·学会教学",《教育科学研究》,2004 年,第 9 期,第 5-8 页。

[94] 罗伯特·K.殷:《案例研究方法的应用》,周海涛译,重庆:重庆大学出版社,2009 年。

[95] 罗慧:《小学教师教学情感的生成——发生在课堂场域中的教师专业成长》,硕士学位论文,广西:广西师范大学,2016 年。

[96] 罗三桂:"现代教学理念下的教学方法改革",《中国高等教育》,2009 年,第 6 期,第 11-13 页。

[97] 吕炳强:"凝视与社会行动",《社会学研究》,第 3 期,第 1-15 页,2000 年。

[98] 吕宪军,王延玲:"试析教学理念与教学行为的割裂与融合",《教育科学》,2012 年,第 1 期,第 36-40 页。

[99] 米歇尔·克罗齐耶,埃哈尔·费埃德伯格:《行动者与系统:集体行动的政治学》,张月等译,上海:上海人民出版社,2007 年。

[100] 马家安,周兴国:"实践推理与教师行动的意义拓展",《安徽师范大学学报(人文社会科学版)》,2015 年,第 1 期,第 119-125 页。

[101] 马锦然,贾青艳:"大学英语分级教学研究综述",《辽宁工业大

学学报(社会科学版)》,2014年,第4期,第132-134页。

[102] 马建华:《新课程理念下的有效教学行为研究》,硕士学位论文,西安:陕西师范大学,2004年。

[103] 马克思·韦伯:《社会学的基本概念》,顾忠华译,桂林:广西师范大学出版社,2005年。

[104] 马克思·韦伯:《社会科学方法论》,韩水法,莫茜译,北京:商务印书馆,2015年。

[105] 马蓉:"运用反思性教学促进语言教师自我发展",《中国成人教育》,2009年,第18期,第85-86页。

[106] 迈克尔·W.阿普尔:《教育能够改变社会吗?》,王占魁译,上海:华东师范大学出版社,2015年。

[107] 莫琳·T.哈里楠:《教育社会学手册》,傅松涛、孙岳等译,上海:华东师范大学出版社,2004年。

[108] 欧文·戈夫曼:《日常生活中的自我呈现》,冯钢译,北京:北京大学出版社,2016年。

[109] 帕翠西亚·冈伯特:《高等教育社会学》,朱志勇、范骁慧译,北京:北京大学出版社,2013年。

[110] 彭钢:"支配与控制:教学理念与教学行为",《上海教育科研》,第11期,第20-25页,2002年。

[111] 潘朝阳:"场域与惯习:新课程改革的社会学审视",《教育探索》,2012年,第3期,第30-32页。

[112] 潘婉茹:"教师为什么不愿意合作——以学校场域中的教师惯习为研究视角",《当代教育科学》,2014年,第10期,第35-37页。

[113] 皮埃尔·布迪厄:《文化资本与社会炼金术》,包亚明译,上海:上海人民出版社,1997年。

[114] 皮埃尔·布迪厄:《实践与反思:反思社会学导引》,李猛,李康译,北京:中央编译出版社,1998年。

[115] 皮埃尔·布迪厄:《继承人——大学生与文化》,刑克超译,北京:商务印书馆,2002年。

[116] 皮埃尔·布迪厄:《再生产:一种教育系统理论的要点》,刑克超译,北京:商务印书馆,2002年。

[117] 皮埃尔·布迪厄:《实践感》,蒋梓骅译,南京:译林出版社,2003年。

[118] 片冈德雄:《班级的社会性》,贺晓星译,北京:北京教育出版社,1993年。

[119] 齐格蒙特·鲍曼:《个体化社会》,范祥涛译,上海:上海三联书

店,2002 年。

[120] 钱民辉:《教育社会学概论》,北京:北京大学出版社,2010 年。

[121] 乔治·赫特伯·米德:《心灵、自我与社会》,赵月瑟译,北京:译林出版社,1997 年。

[122] 秋杰:《同伴互助促进大学英语教师专业发展研究》,硕士学位论文,西安:西安外国语大学,2013 年。

[123] 全国十二所重点师范大学:《教育学基础》,北京:教育科学出版社,2014 年。

[124] 让·卡泽纳弗:《社会学十大概念》,杨捷译,上海:上海人民出版社,2003 年。

[125] 邵泽斌,廖建东:"教育的理论实践与实践理论——兼论'教育言说者'与'教育行动者'之关系",《教育研究与实验》,第 1 期,第 16-20 页,2009 年。

[126] 宋丽范:"符号互动理论及其对教育的启示",《扬州大学学报(高教研究版)》,2007 年,第 1 期,第 20-22 页。

[127] 塔尔科特·帕森斯:《社会行动的结构》(张明德,夏遇南,彭刚译),南京:译林出版社,2012 年。

[128] 谭光鼎,王丽云:《教育社会学:人物与思想》,上海:华东师范大学出版社,2009 年。

[129] 汤姆·R.伯恩斯:《结构主义的视野:经济与社会的变迁》(周长城等译),北京:社会科学文献出版社,2000 年。

[130] 涂三广:《教师专业发展评价:社会资本的视角》,硕士学位论文,上海:华东师范大学,2008 年。

[131] 汪军,严晓球:"近十年来国内大学英语大班教学研究综述",《教育学术月刊》,2011 年,第 11 期,第 105-106 页。

[132] 王海平:"文本诠释与话语分析——教育政策社会学方法论初探",《基础教育》,2016 年,第 13 期。

[133] 王洪才,LIU Jun-ying,LU Li-na:"大学创新教学理念来源于实践反思",《大学教育科学》,2016 年,第 2 期,第 65-69 页。

[134] 王洪才,刘隽颖,解德渤:"大学创新教学:理念、特征与误区",《中国大学教学》,2016 年,第 2 期,第 19-23 页。

[135] 王岚,刘赞英,张艳红,张瑜:"构建以研究为本的本科研究性教学模式",《江苏高教》,2007 年,第 4 期,第 72-74 页。

[136] 王玲:"浅谈'以人为本'的教学理念在大学教学中的体现",《中国教育学刊》,2015 年,第 1 期,第 325-326 页。

[137] 王攀峰:"批判性话语分析:当代教育研究的一个新视角",《首都师范大学学报(社会科学版)》,2008年,第5期,第81-86页。

[138] 王琪:"MOOC背景下高校基础课程教学改革探究",《教育探索》,2015年,第6期,第83-86页。

[139] 王熙:"批判性话语分析对教育研究的意义",《教育研究》,2010年,第2期,第41-46页。

[140] 王小云:"慕课视域下地方应用型本科院校教学模式探索",《中国成人教育》,2015年,第15期,第146-148页。

[141] 王友航:"高等教育质量政策的话语策略",《教育学术月刊》,2012年,第10期,第31-35页。

[142] 王冬青:"英语的身份:后殖民视野下的香港大学英语学科改革",《江苏第二师范学院学报》,2016年,第9期,第69-73页。

[143] 王铧莹,陈孝余:"符号互动论视野下的幼儿园师幼互动",《成都师范学院学报》,2014年,第2期,第72-74页。

[144] 王慧:"学校场域中的教师课堂行为",《当代教育科学》,2008年,第3期,第27-30页。

[145] 王健:"改造教学习性:课程改革理想转化为教学行动的关键",《全球教育展望》,2007年,第5期,第33-37页。

[146] 王娇娇:"行动理论对教师教学行为转变的启示",《现代中小学教育》,2013年,第5期,第58-61页。

[147] 王守恒:《教师社会学导论》,合肥:中国科学技术大学出版社,2011年。

[148] 王雪,张艳:"有效教学行动策略对大学英语教学的作用",《剑南文学(经典教苑)》,2013年,第4期,第361页。

[149] 王吴庆:"伯恩斯规则理论视野下的会计准则",《财会月刊》,第1期,第7-8页,2003年。

[150] 维尔弗雷多·帕累托:《普通社会学纲要》,田时纲译,北京:社会科学文献出版社,2016年。

[151] 吴康宁:《教育社会学》,北京:人民教育出版社,1997年。

[152] 吴康宁:"课堂教学社会学研究中的现场观察",《教育研究与实验》,1998年,第1期,第28-34页。

[153] 吴康宁:《课堂教学社会学》,南京:南京师范大学出版社,1998年。

[154] 吴康宁:"学生仅仅是'受教育者'吗?——兼谈师生关系的转换"《教育研究》,2003年,第4期,第43-47页。

[155] 吴康宁:"我国教育社会学发展的三个基本问题",《教育研究与实验》,2008年,第6期,第8-16页。

[156] 吴康宁:"我国教育社会学的三十年发展(1979—2008)",《华东师范大学学报(教育科学版)》,2009年,第2期,第1-20页。

[157] 吴康宁:"教师应成为自身专业发展的主人",《当代中国教育研究》,2015年,第5期,第80-86页。

[158] 吴康宁:《教育改革中的中国问题》,南京:南京师范大学出版社,2017年。

[159] 吴康宁:《重新发现教师》,南京:南京师范大学出版社,2017年。

[160] 吴康宁:"自我革命:全面深化教育改革绕不过去的坎",《江苏高教》,2014年,第3期,第1-6页。

[161] 吴文,李森:"理解课堂教学权力——美国教育社会学和意识形态理论研究综述"(编译),《比较教育研究》,2011年,第3期,第80-85页。

[162] 肖德林:"思维方式的更新:从目的行为走向交往行为——从哈贝马斯的交往行动理论看我国高校英语教学",《四川外语学院学报》,2004年,第2期,第136-138页。

[163] 谢立中:《西方社会学名著提要》,南昌:江西人民出版社,2000年。

[164] 徐瑞,刘慧珍:《教育社会学》,北京:北京师范大学出版集团,2010年。

[165] 许国动:"从职员到专业者:大学教师教学实践行动模式续谱",《教师教育研究》,2017年,第4期,第67-75页。

[166] 杨善华:《当代西方社会学理论》,北京:北京大学出版社,2001年。

[167] 以赛亚·伯林:《自由论》,胡传胜译,南京:译林出版社,2003年。

[168] 尤尔根·哈贝马斯:《交往行动理论》,曹卫东译,重庆:重庆出版社,1993年。

[169] 约翰·S.布鲁贝克:《高等教育哲学》,杭州:浙江教育出版社,1998年。

[170] 约翰·杜威:《确定性的寻求》,付统先译,上海:上海人民出版社,2004年。

[171] 约翰·W.克雷斯威尔:《研究设计与写作指导:定性、定量与混合研究的路径》,崔延强译,重庆:重庆大学出版社,2016年。

[172] 约瑟夫·A.马克斯威尔:《质的研究设计——一种互动的取向》,重庆:重庆大学出版社,2007年。

[173] 詹姆斯·S.科尔曼:《社会理论的基础(上、下)》,邓方译,北京:社会科学文献出版社,1999年。

[174] 张华:《经验课程论》,上海:上海教育出版社,2000 年。

[175] 张家政:《大学英语教学改革的文化哲学研究》,博士论文,重庆:西南大学,2010 年。

[176] 张俭民,董泽芳:"从冲突到和谐:高校师生课堂互动关系的重构——基于米德符号互动论的视角",《现代大学教育》,第 1 期,第 7-12 页,2014 年。

[177] 张金运:"教育行动的伦理性:在个体存在与社会存在之间",《西北成人教育学院学报》,2016 年,第 5 期,第 5-27 页。

[178] 张生虎,张立昌:"核心素养的价值、问题与实践向度",《中国教育科学》,2017 年,第 4 期,第 107-127 页。

[179] 赵方:《互动仪式链理论视域下师生关系建设研究》,硕士学位论文,郑州:河南大学,2016 年。

[180] 赵纪彬:《中国知行学说简史》,北京:中国文化服务社,1943 年。

[181] 赵长林:"再生产:教育行动的社会学研究",《湖南师范大学教育科学学报》,2006 年,第 2 期,第 30-34 页。

[182] 曾美勤:"我国高等教育评估政策变迁研究——基于支持联盟框架的分析",《江苏高教》,2013 年,第 3 期,第 45-48 页。

[183] 曾明星,李桂平,周清平,颜一鸣:"'翻转课堂'教育场域:主体异质性、惯习冲击与价值建构",《高等工程教育研究》,2015 年,第 5 期,第 186-192 页。

[184] 曾艳:"基于区域性名师工作室的教师专业资本流动与扩散",《教育发展研究》,2017 年,第 24 期,第 8-13 页。

[185] 郑杭生:《社会学概论新修》,北京:中国人民大学出版社,2005 年。

[186] 周琴:"符号互动论视角下的师生冲突",《长春教育学院学报》,2017 年,第 2 期,第 47-50 页。

[187] 周玉,容沈红:"大学教学同行评价:优势、困境与出路",《复旦教育论坛》,2015 年,第 3 期,第 47-52 页。

[188] 朱丽叶·M.科宾,安塞尔姆·L.施特劳斯:《质性研究的基础:形成扎根理论的程序与方法》,朱光明译,重庆:重庆大学出版社,2015 年。

[189] 佐藤学,《课程与教师》,北京:教育科学出版社,2013 年。

[190] 朱志勇、阮林燕:"'自我革命'的挑战:以为大学教师的'去魅'之路",《教师教育研究》,2018 年,第 4 期,第 80-91 页。

[191] Andrea Nolan, Tebeje Molla (2017). "Teacher Confidence and Professional Capital." *Teaching and Teacher Education*, Vol. 62, No.4, pp.10–18.

[192] Antonio G, Ángeles C, Pino D, Mar G, Carmen R (2018). *Instructors' Teaching Styles: Relation with Competences, Self-efficacy, and Commitment in Pre-service Teachers Higher Education*, Dordrecht, No.75, pp.625–642.

[193] Benjamin S. Bloom (1976). *Human Characteristics and School Learning*. New York: McGraw-Hill Inc.

[194] Carlos J. Moya (1990). *The Philosophy of Action: An Introduction*. Cambridge: Polity Press.

[195] Chris Easthope, Rupert Maclean, Gary Eathope (2017). *The practice of Teaching: A sociology of Eduaction*. New York: Routledge.

[196] Cheri Hoff Minckler (2011). *Teacher Social Capital: The Development of a Conceptual Model and Measurement Framework with Application to Educational Leadership and Teacher Efficacy*. Ed. D. Dissertation. Louisiana: University of Louisiana at Lafayette.

[197] Chris Argyris, Donald A. Schon (1974). *Theory in Practice: Increasing Professional Effectiveness*. San Francisco: Jossey-Bass.

[198] Christine Annette Burke Adams (2016). *Teacher Professional Capital: The Relationship between Principal Practice and Teacher Job Satisfaction*. Ed. D. Dissertation. LA: Loyola Marymount University.

[199] Colin Campbell (1996). *The Myth of Social Action*. Cambridge: Cambridge University Press.

[200] David H. Hargreaves (1975). *Interpersonal Relations and Education*. London: Routledge & Kegan Paul Ltd..

[201] David T. Hansen, Mary Erina Driscoll, Rene Vincente Arcilla (2007). *A Life in Classrooms: Philip W. Jackson and the Practice of Education*. New York: Teachers College Press.

[202] Donald Schön (1983): *The Reflective Practitioner: How Professionals Think in Action*. London: Temple Smith.

[203] France Rust, Nancy Lee Bergey (2014). "Developing Action-Oriented Knowledge among Preservice Teachers: Exploring Learning to Teach." *Teacher Education Quarterly*, Vol. 41, Iss. 1, pp. 63–83.

[204] Funmi A. Amobi, Leslie Irwin (2009). "Implementing on-campus microteaching to elicit preservice teachers' reflection on teaching actions: Fresh perspective on an established practice." *Journal of the Scholarship of Teaching and Learning*, Vol. 9, No. 1, pp. 27–34.

[205] Ge´rard Sensevy (2014). "Characterizing teaching effectiveness in the Joint Action Theory in Didactics: an exploratory study in primary school." *Journal Curriculum Studies*, Vol. 46, No. 5, pp. 577–610.

[206] Herbert Blumer (1986). *Symbolic Interactionism*. California: University of California Press.

[207] Hong Qian, Peter Youngs and Kenneth Frank (2013). "Collective Responsibility for learning: effects on interactions between novice teachers and colleagues." *Journal Educational Change*, Vol. 14, pp. 445–464.

[208] Ivor F. Goodson & Andy Hargreaves (1996). *Teachers' Professional Lives*. London and New York: Falmer Press.

[209] James S. Coleman (1986). "Social Theory, Social Research, and a Theory of Action." *The American Journal of Sociology*, Vol. 91, No. 6, pp. 1309–1335.

[210] Jane Austin (1962). *How To Do Things with Words*. Oxford: Oxford University Press.

[211] Jerry Chih-Yuan Sun, Yu-Ting Wu (2016). "Analysis of learning achievement and teacher-student interactions in flipped and conventional classrooms." *International Review of Research in Open and Distributed Learning*, Vol. 17, No. 1, pp. 79–99.

[212] Jim Hordern (2015). "Teaching, teacher formation, and specialised professional practice." *European Journal of Teacher Education*, Vol. 38, No. 4, pp. 431–444.

[213] Jo Towers, Jérôme Proulx (2013). "An Enactivist Perspective on Teaching Mathematics: Reconceptualising and Expanding Teaching Actions." *Mathematics Teacher Education and Development*, Vol. 15, No.1, pp. 5–28.

[214] John Dewey (1929). "The Quest for Certainty: A Study of the Relation of Knowledge and Action". New York: Holt and Co..

[215] John Dewey (2001). *The School and Society & The Child and the Curriculum*. New York: Dover Publications.

[216] John Eggleston (1977). *The Sociology of the School Curriculum*. London: Routledge and Kegan Paul.

[217] Judith L. Pace, Annette Hemmings (2007). "Understanding Authority in Classrooms: A Review of Theory, Ideology, and Research."

Review of Educational Research, Vol. 77, No. 1, pp. 4–27.

[218] Laura M. Robinson (2012). *Expanding the Description of Facilitators of Adult Learning: Workplace Facilitator Teaching Styles, Theories of Action, and Perspectives of Teaching*. Doctor Dissertation, Massachusetts: University of Massachusetts.

[219] Linda Hui Chang (2012). *Teacher Management Style: Its Impact on Teacher-Student Relationships and Leadership Development*. Ed. D Dissertation. California: University of Southern California..

[220] Man-Ping Chu (2004). *College Students' and Their Teachers' Perceptions and Expectations of Learner Autonomy in EFL Conversation Classrooms in Taiwan*. Ed. D Dissertation. San Jose: San Jose State University.

[221] Maxine P. Atkinson, Alison R. Buck, Andrea N. Hunt (2009). "Sociology of The College Classroom: Applying Sociological Theory at The Classroom Level." *Teaching Sociology*; Vol. 37, No. 3, pp. 233–244.

[222] Maxine P. Atkinson, Kathleen S. Lowney (2014). *In the Trenches: Teaching and Learning Sociology*. London: W.W. Norton & Company

[223] Megan Hopkins, Sarah L. Woulfin (2015). "School system (re)design: Developing educational infrastructures to support school leadership and teaching practice." *Journal Educational Change*, Vol.16, No. 4, pp. 371–377.

[224] Michelle Nilson, Lynn Fels and Bryan Gopaul (2016). "Performing Leadership: Use of Performative Inquiry in Teaching Organizational Theories." *Journal of Leadership Education*, Vol. 12, Iss. 3, pp.170–186.

[225] Neil Postman, Charles Weingartner (1969). *Teaching as a Subversive Activity*. New York: Dell Publishing Co., Inc..

[226] Ning Zhou, Shui-Fong Lam, Kam Chi Chan (2012). "The Chinese Classroom Paradox: A Cross-Cultural Comparison of Teacher Controlling Behaviors." *Journal of Educational Psychology*, Vol. 104, No. 4, pp. 1162–1174.

[227] Nunung Suryati (2013). "Classroom Interaction Strategies Employed by English Teachers at Lower Secondary Schools." *TEFLIN Journal*, Vol. 26, No. 2, pp. 247–246.

[228] Paul Gibbs (2014). "The phenomenology of professional practice: a currere." *Studies in Continuing Education*, Vol. 36, No. 2, pp. 147-159.

[229] Pedro Reyes (1990). *Teachers and Their Workplace: Commitment, Performance, and Productivity.* London: Sage Publications.

[230] Philip Jackson (1986).*The Practice of Teaching.* New York: Teachers College Press.

[231] Philip W. Jackson (1990). *Life in Classroom.* New York: Teachers College Press.

[232] Reetta Niemi, Kristiina Kumpulainen and Lasse Lipponen (2015). *Pupils' documentation enlightening teachers' practical theory and pedagogical actions. Educational Action Research*, Vol. 23, No. 4, pp. 599-614.

[233] Rots, I, Aelterman, A, Vlerick, P, & Vermeulen, K. (2007) Teacher Education, Graduates' Teaching Commitment and Entrance into the Teaching Profession. *Teaching and Teacher Education*, No.23, pp.543-556.

[234] Rots, I, Aelterman, A (2009).*Teacher Education Graduates' Entrance into the Teaching Profession: Development and Test of a Model. European Journal of Psychology of Education*, No.24, pp.453-471.

[235] Sakiko Ikoma (2016). *Individual excellence versus collaborative culture: A cross-national analysis of professional capital in the U.S., Finland, Japan, and Singapore.* Ph.D. Dissertation. State College: The Pennsylvania State University.

[236] Simon Larose, George Tarabulsy and Diane Cyrenne (2005). "Perceived Autonomy and Relatedness as Moderating the Impact of Teacher-Student Mentoring Relationships on Student Academic Adjustment." *The Journal of Primary Prevention*, Vol. 26, No. 2, 111-128.

[237] Stacie Morgan, Michelle Manganaro (2016). "Teaching and Learning Leadership: Assessing Teams in Higher Education." *Journal of Leadership Education*, Vol. 15, Iss. 4, pp. 144-152.

[238] Stephanie L. Burrell (2008).*Assessing the Effect of a Diversity Course on College Students' Readiness for Social Action Engagement.* Doctor Dissertation, Massachusetts: University of Massachusetts.

[239] Steven Craig Fleisher (2005). *Transformative Dynamics in

Teacher-Student Relationship. Ph. D. Dissertation. California: California Graduate Institute.

[240] Sung-joon Yoon (2014). "Does social capital affect SNS usage? A look at the roles of subjective well-being and social identity." *Computers in Human Behavior*, No.41, pp. 295-303.

[241] Susan J. Rosenholtz (1991). *Teachers' Workplace*. New York: Teachers College Press.

[242] Trilce S. Contreras (2016). "*Pedagogical Leadership, Teaching Leadership and their Role in School Improvement: A Theoretical Approach.*" *Propósitosy Representaciones*, Vol. 4, No. 2, pp. 231-284.

[243] Willard Waller (1932). *The Sociology of Teaching*. Connecticut: Martino Fine Books.

[244] Zora Mackiewicz-Wolfe, Michael Nakkula (2013). "*The Relationships Between Teacher Practice and Teacher Leadership Skills in Second Stage Teachers.*" Ed. D Dissertation. Pennsylvania: University of Pennsylvania

[245] Myra Kunowski (2008). *Teaching About Past: Examine the Nature of Teacher Knowledge and Classroom Practice*. Vdm Verlag.